光文社古典新訳文庫

存在と時間 8

ハイデガー

中山 元訳

光文社

Title : SEIN UND ZEIT
1927
Author : Martin Heidegger

凡例

邦訳の底本としたのは Martin Heidegger, *Sein und Zeit*, Max Niemeyer Verlag, 1927 の第七版（一九五三年）であるが、第一七版（一九九三年）も適宜参照している。この原文のページ数を訳書の下段にゴチック体で示した。また、全集版の Martin Heidegger, *Gesamtausgabe*, Band 2, *Sein und Zeit*, Vittorio Klostermann, 1977 も参照した。全集版のページ数は訳書の上段にゴチック体で示した。

この訳書では、段落ごとに番号をつけ、それぞれに原文にはない小見出しをつけた。》《で囲まれた部分は「」で示し、イタリックは傍点で示した。〈〉で囲んだところは訳者の強調であり、［］で囲んだところは訳者による補足である。なお〈〉を、引用文中の「」の代用として使うこともある。（）で囲んだところは原文の文章である。また訳文は読みやすいように適宜改行している。

原注は節ごとに＊1のようにしてつけ、その後に訳注を（1）のようにつけた。ハイデガーの手沢本には、欄外に書き込みがあり、原文にはテクストの最後に付録として追加されており、底本では巻末にまとめて示している。この訳書ではこれらの書き込みは、訳注の一部として該当する場所につけ、冒頭に【欄外書き込み】と明記した。

なお、本文ならびに解説での引用文は、既訳のある場合も訳し直していることが多く、引用元の訳文と同じであるとは限らない。

『存在と時間　8』＊目次

存在と時間 8

第五章　時間性と歴史性

第七二節　歴史の問題の実存論的かつ存在論的な提示

1085

存在了解への問い

実存論的な分析論のすべての営みは、存在一般の意味への問いに答える可能性をみいだすことだけを目指している。この問いに答えるために詳細な考察を展開するには、存在了解という現象を画定することが必要になる。この存在了解そのもののうちで、存在に接近するための道が開かれるからである。

しかし存在了解とは、現存在の存在機構に属するものである。だから現存在という存在者について十分に根源的な解釈を行ってからでないと、この存在者の存在機構に包み込まれている存在了解そのものを概念的に把握することはできない。またそうしなければ、それに基づいて、この存在了解のうちで理解されている存在への問いを立てることも、この理解が「前提にしているもの」についての問いを立てることもできないのである。

1086 これまで達成されてきたこと

現存在の構造の多くは、個々においてはまだ暗がりに包まれているが、時間性を気遣いの可能性の根源的な条件として解明したことによって、わたしたちが求めていた現存在の根源的な解釈はすでに実現されたかのようにみえる。時間性の概念は、現存在の本来的な全体的な存在可能という観点から解明されてきた。そして気遣いの時間的な解釈は、配慮的な気遣いをする世界内存在の時間性を証すことで検証されてきた。そして本来的な全体的な存在可能の分析は、死と負い目と良心が、等根源的な連関として気遣いのうちに根差していることをあらわにした。このような本来的な実存の投企を考察せずに、現存在をもっと根源的に理解することができるだろうか。

493

1087　現存在の全体としての誕生から死まで

今のところは、実存論的な分析論をさらに徹底的に進めるための別の出発点をみいだせる可能性はないが、日常性の存在論的な意味についてのこれまでの解明から、一つの重大な疑念が生まれてきた。これまで、現存在の全体を、その本来的な全体的な存在について、実存論的な分析論の〈予持〉のうちにもたらすことができたと考えてきたのだが、それは正しいのだろうか。

たしかに現存在の全体性についての問題構成は、真正な存在論的な一義性をそなえているかもしれない。さらにこのようにして設定された問いは、終わりに臨む存在を考慮することで、答えられているかもしれない。しかし死は現存在の「終わり」にすぎないのであって、形式的にみれば現存在の全体性を取り囲んでいる〈終わり〉のうちの一つにすぎない。別の「終わり」は「始まり」であり、「誕生」である。そしてこの誕生と死の「あいだにある」存在者だけが、求められている全体の姿を示すのである。

373

こうしてみると、これまでの分析論の方向づけは、たしかに明確に実存する全体的な存在を目指すものであり、本来的および非本来的な〈死に臨む存在〉について真正に解明するものではあったが、なお「一面的な」ものだったのである。すなわち現存在はこれまでは「死へと向かって」「前向きに」実存している姿で主題とされていただけであり、それはすべての既往を「みずからの背後に」置き去りにするものだった。〈始まりに臨む存在〉が考慮されていなかっただけではなく、なによりも誕生と死のあいだにある現存在の伸び広がりが注目されていなかったのである。現存在が不断に何らかの形で「生の連関」のうちに身を置いているにもかかわらず、現存在の全体的な存在を分析するさいには、この生の連関が見逃されてきたのである。

1088 新たな疑問

そうだとすれば、誕生と死のあいだの「連関」と呼ばれるものは、存在論的にはまったく暗がりに包まれているのであり、時間性を現存在の全体性の存在意味として考察の出発点とするのは、撤回すべきなのだろうか。あるいはこのようにして取り出した時間性こそが、この「連関」についての実存論的かつ存在論的な問いを明確な方向に導くための土台となるものなのだろうか。わたしたちの探求の領域では、問題をあまり安易に考えないことを学ぶだけでも、大きな収穫なのである。

494

1089　今の持続の存在論的な意味

誕生と死のあいだの「生の連関」を性格づけることほど、「単純な」ことはないと思われるのではないだろうか。この生の連関は、「時間のなかで」の諸体験の〈持続〉によって構成されると言えるだろう。しかし問題とされているこの連関というものの特徴を追跡し、とくにその背景にある存在論的な先入観を詳しく考察してみると、注目すべきことが明らかになる。この諸体験の〈持続〉のうちで、「本来的」には、「そのときどきの今において」、眼前的に存在する体験だけが、そのつど「現実的な」ものなのである。これにたいして過ぎ去った体験は、そしてこれから到来する体験は、もはや「現実的な」ものではないか、あるいはまだ「現実的な」ものではないのである。

16

現存在は「誕生と死という」二つの限界のあいだで与えられている期間のうちを踏破していくのだが、「現実的」に存在しているのはそのつど〈今〉においてだけであり、現存在は自分の「時間」における〈今〉の連続をいわば跳び移ってゆくのである。だからこそ、現存在は「時間的」であると言われるのである。このように体験が不断に交替するうちでも、自己(ゼルプスト)はある種の自同性(ゼルビッヒカイト)のうちでみずからをたえず維持している。この持続的なものがどのようなものか、この持続的なものが体験の交替とどのような関係をもちうるのかについては、人々の意見が対立している。

この持続しながら交替する諸体験の連関の存在は、規定されないままである。しかし生の連関についてのこうした特徴づけの根底において、「時間のなかに」眼前的に存在するもの、ただしもちろん「物体的ではないもの」が想定されているのである——ひとがそれを認めようとするかどうかは別であるが。

1090 通俗的な解釈の限界

わたしたちは気遣いの存在意味を時間性という名称で特徴づけたのだが、この時間性を考えてみれば、通俗的な現存在の解釈も、その時間性の限界のうちでは正当であり、十分なものではあるとしても、誕生と死のあいだの現存在の広がりを存在論的に分析しようとするならば、こうした通俗的な解釈を導きの糸としたのでは、真正な存在論的な分析を行うことができないだけではなく、問題として構成することすらできないのである。

1091

枠組み論の限界

現存在は、次々と到来し、次々と消滅していく「今という」諸体験の刹那的な現実の総計として実存するものではない。またこれらの〈次々〉がある枠組みを次第に満たしていくというものでもない。というのは、「現にある」「今の」体験だけがそのつど「現実的な」ものであり、こうした枠組みの境界を構成する誕生と死は、過ぎ去ったものとして、あるいはまだ到来していないものとして、現実性を欠いているというのに、このような枠組みが眼前的に存在するはずがないではないか。

それでも根底ではこうした「生の連関」についての通俗的な見解もまた原則として、

495

現存在の「外部に」張りめぐらされ、現存在を包みこんでいる枠組みのようなものを考えているのではない。こうした見解もまたその枠組みを現存在そのもののうちに求めているのであり、これは正しいことである。ただしこの現存在という存在者が「時間のなかに」眼前的に存在するものと想定されているために、そうした想定を暗黙のうちに存在論的な手掛かりとするならば、誕生と死の「あいだの」存在の存在論的な性格づけを試みても、どうしても失敗に終わるのである。

1092　誕生と死を実存する現存在

現存在は、何らかの形で眼前的に存在している「生の」軌道や区間を、刹那的な現実のさまざまな位相を通過しながら満たしていくようなものではない。現存在は自分自身を伸び広げているのであり、それによってあらかじめ現存在に固有な存在が、こうした〈伸び広がり〉として構成されているのである。誕生と死に関連してその「あいだ」にあると言われているこの「あいだ」は、現存在の存在のうちにすでに含まれているのである。

さらに現存在は、ある時点において現実的に「存在して」いて、みずからの誕生と死という〈非現実的なもの〉に「取り囲まれている」というものではない。実存論的にみると、誕生ということは決して、〈もはや眼前的に存在しない〉という意味で過ぎ去ったものではない。死もまた、まだ眼前的に存在しないものの、いつか到来する〈残りのもの〉という存在様式をもつものではない。事実的な現存在は、誕生したものとして実存しているし、誕生したものとしての現存在は、〈死に臨む存在〉であるという意味で、すでに死につつある。

誕生と死というこの二つの「終わり」とその「あいだ」は、現存在が事実的に実存するかぎり、存在しているのである。しかも現存在の存在が気遣いであることによって、初めて可能であるものとして存在しているのである。誕生と死は、逃避的あるいは先駆的な〈死に臨む存在〉と被投性が統一されたものであり、すでに現存在にふさわしい「連関」を形成している。現存在は気遣いとして、その「あいだに」存在しているのである。

1093　現存在の生起（ゲシェーエン）

ところで気遣いの機構の全体性は、その統一を可能にする根拠を時間性のうちにもっている。そこで「生の連関」を存在論的に解明するためには、すなわち現存在に固有な〈伸び広がり〉と動性と持続性を存在論的に解明するためには、現存在という存在者の時間的な機構という地平のうちに、考察の出発点を求める必要がある。実存の動性は、眼前的な存在者の運動ではない。これは現存在の〈伸び広がり〉によって規定されている。わたしたちは伸び広げられながらみずから伸び広がることに特有の動性を、現存在の生起と呼ぶ。現存在の「連関」への問いは、現存在の生起という存在論的な問題なのである。生起の構造と、その構造を可能にする実存論的かつ時間的な条件をあらわにすることは、歴史性についての存在論的な了解を獲得するという意味をそなえているのである。

496

375

1094　現存在の持続性の問い

現存在の生起にそなわる特有の動性と持続性を分析することで、わたしたちの探求は時間性をあらわにする前に触れていた問題へと、戻ってくることになる。すなわち、自立性［不断に自己であること］への問いであり、これをわたしたちは現存在とは〈誰か〉という問題であると規定しておいた。[*1] 現存在の自立性は、現存在の存在のありかたの一つであるから、時間性に固有の一つの時熟のありかたである。生起の分析によって、わたしたちは時熟そのものを主題として探求するという問題に直面するのである。

1095　歴史性の解明の道

歴史性への問いがこのように「さまざまな根源」に連れ戻されることによって、歴史(ゲシヒテ)の問題の〈ありか〉もまた決まってくる。そのありかは、歴史についての学問としての歴史学(ヒストリエ)に求めてはならない。たしかに「歴史」の問題を学問的に論じる場合には、たんに歴史学的な把握の「認識論的な」解明(ジンメル)を目指すのでもなく、歴史学的な記述の概念構成の論理学(リッケルト)を目指すものであってもならない。これらの問題設定では、たとえ歴史認識の「対象の側面」を目指すとしても、原理的につねにある学問の客体としてしか、歴史に接近できないのである。

そもそも歴史という根本的な現象は、歴史学によって可能となる何らかの主題化に先立って存在するものであり、こうした主題化の根底にひそむものであるのに、このような問題設定ではそれが脇に追いやられてしまい、それを取り戻すことはできなくなるのである。歴史はいかにして歴史学の対象となることができるのだろうか。そのことは、歴史的なものの存在様式からのみ、すなわちその歴史性から明らかにする必要があるのであり、そのためにも歴史性がどのように時間性に根差しているかを明らかにする必要がある。

497

1096　**歴史性の実存論的かつ存在論的な機構の奪い返し**

歴史性そのものは、時間性に基づき、そして根源的には本来的な時間性に基づいて解明すべきである。この課題はその本質からして、現象学的な構成[1]によって遂行する必要があるのである。[*2]歴史性の実存論的かつ存在論的な機構は、現存在の歴史の通俗的な解釈のために隠蔽されてしまっているので、こうした隠蔽に抗して、奪い返す必要がある。歴史性を実存論的に構成するための最初の手掛かりは、通俗的な現存在の了解にあり、これまで確認されてきた実存論的な構造を、導きの糸として利用することになる。

1097　**探求の出発点**

わたしたちの探求においては、さしあたり歴史(ゲシヒテ)の通俗的な諸概念を特徴づけることで、一般に歴史にとって本質的なものとみなされている諸契機について考察するための手掛かりとしよう。これによって、根源的な意味で〈歴史的なもの〉と呼ばれているものが何であるかを明らかにすることができよう。これが歴史性の存在論的な問題を提示するための最初の出発点となるのである。

1098　現存在の非本来的な歴史性

歴史性の実存論的な構成のための導きの糸となるのは、現存在の本来的な全体的な存在可能についてこれまで行われてきた解釈と、それに基づいて時間性として取り出した気遣いの分析である。現存在の歴史性の実存論的な投企とは、時間性の時熟のうちに覆い隠されたままで、すでに存在していたものをあらわにすることにほかならない。歴史性は気遣いのうちに根差しているのだから、現存在はあるときは本来的な歴史性のうちで、あるときは非本来的な歴史的なもののうちで実存している。これまで日常性という言葉で、現存在の実存論的な分析論にもっとも身近な地平に注目してきたが、これが現存在の非本来的な歴史性であったことが、これから明らかにされよう。

1099 歴史性と歴史学

現存在の生起には、その本質からして開示と解釈が属している。歴史的に実存するという現存在のこの存在様式のために、歴史（ゲシヒテ）を明示的に開示し、把握する実存的な可498能性が生まれてくる。歴史を考察の主題とすること、すなわち歴史を歴史学的に開示することは、「精神科学における歴史的な世界の構築」のようなことが可能となるための前提条件である。

学問としての歴史学（ヒストリエ）をこのように実存論的に解釈することの目的は、存在論的にみると歴史学は現存在の歴史性を起源とするものであることを証すことだけにある。これを証した後に初めて、事実的な学問的な研究を志向する学問論が、どこまでその問題構成を偶然性に委ねることができるかというような学問の限界の問いについて、決定を下すことができるようになる。

1100　歴史性と時間性の関係

わたしたちが現存在の歴史性を分析することによって示そうとしているのは、この現存在という存在者が「歴史のうちに立っている」から「時間的」に存在するのではなく、その反対に、現存在がみずからの存在の根底において時間的に存在するからこそ、歴史的に実存しており、かつ歴史的に実存することができるということである。

1101　歴史性の「演繹」

さらに現存在の存在の意味が「時間のなかに」あることからも、現存在は「時間的な」存在と呼ばれなければならない。事実的な現存在は、発達した歴史学なしでも、暦や時計のようなものを必要としており、使っているのである。現存在は「自分において」生起することを、「時間のなかで」生起することとして経験している。同じように、現存在は自然のうちの無生物的プロセスや生物的なプロセスにも、「時間のなかで」出会っているのである。これらは〈時間内部的な〉ものなのである。

そうだとすると、歴史性と時間性の連関を解明する作業は、〈時間内部性〉としての「時間」を、時間性に基づいて考察しようとする分析（これは次の章で遂行される）[*3]を先に実行しておくのが自然だと考えたくなるだろう。たしかに時間内部性としての時間を手掛かりとして、歴史的なものを性格づける通俗的な方法は、きわめて自明で、唯一の可能な方法とみえるのであるが、この自明で唯一の可能な方法という見掛けを打破しなければならないのである。そのためには、あらかじめ純粋に現存在の根源的な時間性から、歴史性を「演繹する」べきなのである。これは「事象的な」関連からも必要とされることである。

しかし時間内部性としての時間もまた、現存在の時間性から「派生する」ものであるから、そのかぎりで、歴史性と時間内部性は等根源的なものであることが証される。そのため歴史の時間的な性格についての通俗的な解釈もまた、この限界の範囲内では正当な根拠をそなえているのである。

499

1102　探求の目的

このように、わたしたちの探求では時間性に基づいて歴史性を存在論的に提示しようとする。わたしたちの探求の進め方をこのように特徴づけたのであるから、以下の探求においては、歴史の問題を一挙に解決しようなどとはしていないことをあえて明示的に確認する必要はないだろう。歴史の問題をその根源的に根差すところへと迫っていくにつれて、わたしたちが利用できる「カテゴリー的な」手段が不十分なものであること、そして第一義的な存在論的な地平が不確実なものであることが、いっそう差し迫ったものとなってくるのである。

以下の考察では、歴史性の問題が存在論的にどのような位置を占めるのかを明らかにすることで満足しておくことにしよう。以下の分析が基本的に目指すところは、今日の世代の読者の差し迫った課題となっている事柄、すなわちディルタイの研究をみずからのものとし、そのための道を拓きながら、そうした研究を促進することだけなのである。

1103

本章の構成

歴史性の実存論的な問題を提示する作業は、わたしたちの基礎存在論的な目標設定のために、必然的に制約されざるをえないのであり、次のような構成になる。歴史の通俗的な了解と現存在の生起（第七三節）、歴史性の根本機構（第七四節）、現存在の歴史性と世界－歴史（第七五節）、現存在の歴史性に基づく歴史学の実存論的な根源（第七六節）、歴史性の問題についてのこれまでの考察の提示と、ディルタイの研究およびヨルク伯の理念との関連（第七七節）。

原注

＊1　本書第六四節、三一六ページ以下［第七分冊、六二一ページ以下］を参照されたい。

＊2　本書第六三節、三一〇ページ以下［第七分冊、四〇ページ以下］を参照されたい。

30

＊3　本書第八〇節、四一一ページ以下［本分冊、一三九ページ以下］を参照されたい。

訳注

（1）【欄外書き込み】「構成」のところの欄外に、「投企」と書かれている。

第七三節　歴史の通俗的な了解と現存在の生起

1104　最初の手掛かり

ここでの当面の目標は、歴史の本質について根源的に問うために、すなわち歴史性を実存論的に構成するために、適切な考察の出発点をみつけることにある。この出発点は、根源的にみて歴史的なものとは何かを明らかにすることで示される。このため 500 以下の考察では、現存在の通俗的な解釈において「歴史（ゲシヒテ）」とか「歴史的（ゲシヒトリヒ）」という表現が何を意味しているのかという問題の検討から始めることになる。これらの言葉は多義的なものなのだ。

1105　「歴史」の語の二つの語義

「歴史（ゲシヒテ）」という言葉には二重の意味があることはすぐに分かることであり、しばしば指摘されてきたことではあるが、このことは決して「偶然」ではないのである。それはこの語が「歴史的な現実」を指すことも、歴史的な現実について可能な学問を指すこともあることからも明らかである。ここでは、歴史についての学問という意味での「歴史（ゲシヒテ）」の語義は、当面は除外しておくことにする。

1106　〈過ぎ去ったもの〉としての歴史

このように「歴史」という語で意味されるものから、歴史（ヒストリエ）についての学問を除外し、さらに客観としての歴史を除外してみると、必ずしも客観化されていない「歴史的な」存在者そのものが残るが、この歴史という存在者を過ぎ去ったものとして理解する用法がとくに好まれているのである。よく〈あれこれのものはもはや歴史に属している〉と語られるが、この語り口に、この語義が現れているのである。ここで「過ぎ去ったもの」とは、〈もはや眼前に存在しないもの〉であるか、あるいは〈まだ存在しているが、もはや「現在」には「影響」しないもの〉という意味である。

もっとも〈過ぎ去ったもの〉としての歴史的なものには、それと反対の語義もある。〈ひとは歴史から逃れることはできない〉と言われる場合がそれにあたる。この表現では歴史とは〈過ぎ去ったもの〉[1]ではあるが、まだ〈影響しつづけているもの〉のことである。

いずれにしても〈過ぎ去ったもの〉としての歴史的なものは、「現在」への積極的な影響の関連において、あるいは欠如的な影響の関連において考えられているのである。ここで現在とは、「今」において現実的なもの、「今日」において現実的なものというほどの意味である。

こうした「過去」にはさらに、注目すべき二重の意味がある。〈過ぎ去ったもの〉はもはや取り戻す術のない〈かつての時代〉に属するものであり、その時代に起きた出来事である。ただしこうしたものは「今」もなお眼の前に存在しうるのであり、たとえばギリシア神殿の遺跡である。この遺跡には「過去の片鱗」が、いまだにその遺跡とともに「現在的なもの」なのである。

501

1107　由来としての歴史

さらに歴史は、過ぎ去ったものとしての「過去」よりも、むしろ過去からの由来を指すことがある。「歴史をもつ」ものは、ある生成の連関のうちにある。その「発展」が、興隆であることも、没落であることもある。このようにして「歴史をもつ」ものは、同時に歴史を「作る」こともできる。そうしたものは「時代を画す」ものとして、「現在的」でありながら、「未来」を規定するのである。この用法では歴史は、「過去」「現在」「未来」を貫く出来事の連関であり、その「作用の連関」である。この場合には、過去はいかなる特別な優位も占めていない。

379

1108　存在者の領域としての歴史

さらに歴史は、「時間のなかで」変動する存在者の全体を意味することがある。ただし同じように「時間のなかで」動いている自然と区別するために、歴史は人間、人間集団、人間の「文化」などの変動と運命を指すものとされる。ここで歴史は存在者の存在様式やその生起を示すものというよりも、存在者の一つの領域を指すものと考えられている。この領域は、「精神」と「文化」によって人間の実存が本質的に規定されていることを考慮にいれて、自然と区別されているのである。もっとも自然もまたある意味では、このように理解された歴史に属するものである。

1109　伝承されたものとしての歴史

また最後に、伝承されたものも「歴史的(ヒストーリッシュ)」なものとみなされている。こうした伝承されたものは、歴史学によって認識されていることも、自明なものとして、その由来が忘れられたまま、たんに踏襲されているだけのこともある。

1110　歴史の四つの意味の総括

これまであげた四つの語義をまとめてみると、歴史とは、実存する現存在が時間のなかで発生する特殊な生起のことである。共同相互存在のうちで、「過ぎ去ったもの」となっていながら、「伝承されて」、さらに影響を及ぼしつづけている生起が、とくに強調された意味での歴史と呼ばれるということになる。

1111　現存在と歴史の関係についての問い

これらの四つの語義は、いずれも出来事の「主体」としての人間にかかわることで関連している。これらの出来事の生起としての性格はどのように規定すべきだろうか。この生起は、さまざまな事件が継起することとして、さまざまな出来事が出現と消滅を交互に反復することとして考えられるだろうか。これらの歴史の生起は、現存在にどのようなありかたで属しているのだろうか。現存在はあらかじめ事実的にすでに「眼前的に存在」していて、その後で「ある歴史のうちに」ときおり登場するのだろうか。現存在はまずさまざまな事情や事件に巻き込まれて、はじめて歴史的になるのだろうか。あるいは生起がまず現存在の存在を構成し、現存在がその存在において歴史的であるからこそ、事情、事件、運命のようなものが存在論的に可能になるのだろうか。「時間のなかで」生起する現存在の「時間的」な性格の記述において、なぜ過去の機能が強調されるのだろうか。

502

1112 過去の優位

歴史は現存在の存在に属するものであるが、現存在の存在は時間性を根拠としている。そこでわたしたちが歴史性を実存論的に分析しようとする際に、まず最初に明確に時間的な意味をもつ歴史的なもののまさにその性格から考察を始めるのは、ごく自然なことだろう。そこで歴史性の根本機構を提示するための準備作業として、歴史の概念において「過去」が優位を占めているという注目すべき特徴について、さらに詳細な性格づけをすることにしよう。

1113 過ぎ去った世界

博物館には家具のような「骨董品」が所蔵されているが、これはある「過ぎ去った時代」に属するものでありながら、なお「現在」において眼前的に存在している。この道具は、それ自体がまだ過ぎ去ったものではないのに、どうして歴史的なものとなったのだろうか。それが歴史学的な興味や、骨董品の保管や、地誌の対象になったという理由だけからなのだろうか。

しかしこのような道具が歴史学の対象になることができるのは、その道具がそれ自体において何らかの形で歴史的に存在しているからである。そこで、この存在者は過ぎ去ったものではないのに、わたしたちはどのような権利によってこれを歴史的なものと呼ぶのかという問いがふたたび問われることになる。これらの「事物」は、現在でもまだ眼前的に存在しているものの、「それ自体において」、ある「過ぎ去ったもの」を宿しているからだろうか。こうした道具は現在もなお眼前的に存在していながらも、かつてあったところのものなのだろうか。

これらの「事物」に変化が起きているのは明らかである。これらの調度品は「時間の経過とともに」破損し、虫に食われている。しかしこうした推移はその調度品が博物館のうちに眼前的に存在するあいだにも進行するものであり、この調度品を歴史的なものとするまさにその特有の過ぎ去ったものとしての性格は、この推移のうちにはない。それではこの道具のうちで何が〈過ぎ去ったものとなった〉のだろうか。それらの「事物」が、かつてはそうであり、今ではもはやそうではないものは何だろうか。

503

これらは今でもなお特定の〈使われるべき道具〉であるが、ただ使われていないだけである。

それでは先祖から伝来した多くの調度と同じように、こうした道具を現在でも使っているとすれば、それらはまだ〈歴史的なもの〉ではないことになるのだろうか。使われているかどうかとはかかわりなく、そうしたものはかつてあったようなものではなくなっている。ここでは何が「過ぎ去った」のだろうか。過ぎ去ったのはほかならぬ世界である。それらはかつては特定の道具連関に属するものとして、その世界の内部で手元的な存在者として出会われていたのであり、配慮的な気遣いをする世界内存在である現存在が、それを使用していたのである。

この世界はもはや存在しない。しかしかつての世界に世界内部的に存在していたものが、今もなお眼前的に存在しているのである。かつて世界に属していた道具は、今なお眼前的に存在しているとしても、「過去」に属することができるのである。しかしこの世界が〈もはや存在しない〉というのは、どういうことを意味しているのだろうか。世界が存在するのは、世界内存在として事実的に存在している実存する現存在のありかたで、存在するときに限られる。

1114 現存在の歴史性

このように、まだ保存されている骨董品の歴史的な性格は、それらが所属していた世界を生きていた現存在の「過ぎ去ったありかた」に基づいたものである。だとすると、「過ぎ去った」現存在だけが歴史的であり、「現在の」現存在は歴史的ではないということになるだろうか。しかしわたしたちが「過ぎ去った」という言葉を、「今ではもはや眼前的にあるいは手元的に存在しない」と定義するならば、現存在がそもそ

40

も過ぎ去ってしまっていることができるだろうか。

明らかに現存在は決して〈過ぎ去ってしまう〉ことはできない。現存在が変動を受けやすいものでないからではなく、現存在はその本質からして決して眼前的に存在することができないからであり、現存在は存在するかぎり、実存しているからである。そしてもはや実存していない現存在もまた、存在論的に厳密な意味では、過ぎ去ったのではなく、現に既往しているものである。

今なお眼前的に存在する骨董品が「過去」としての性格を、その歴史的な性格をもっているのは、〈かつてそこにあった〉既往的な世界に道具として所属していたからであり、そしてその世界に由来するものであるからである。その世界は、〈現に既往して〉いた現存在の世界なのである。この現存在が第一義的に歴史的なものである。しかし現存在は、自分がもはや〈そこに現に〉あることができないために初めて歴史的なものになるのだろうか。むしろ現存在は、事実的に実存するものだからこそ、歴史的なものとして存在しているのではないだろうか。現存在は〈現に既往して〉いたという意味でのみ既往的なものなのだろうか。むしろ現存在は、現在化しつつ将来をもつ現存在として、すなわちみずからの時間性の時熟において、既往的に存在しているのではないだろうか。

504

1115　過去が優先されることの謎

まだ眼前的に存在しているが、何らかの形で「過ぎ去って」、歴史に属するようになった道具について、このように暫定的に分析した結果によって明らかになるのは、こうした存在者は〈世界に属するもの〉という性格に基づいて、初めて歴史的なものとなるということである。また、世界が歴史的なものという存在様式をおびているのは、世界が現存在の存在論的に規定されたありかたを作りだすからである。さらに明らかになったのは、「過去」という時間的な規定が、まだ一義的な意味を与えられていないこと、ただし既往性という概念とは明らかに異なるものであるということである。

わたしたちは既往性という概念を、現存在の時間性の脱自的な統一を構築する要素として性格づけてきたのだった。そうなるといよいよ謎は深まる。既往性は現在および将来と等根源的に時熟するものであることを考えると、歴史的なものにおいて「過去」が、さらに適切に表現するならば既往性が、これほどに優先的に扱われるのはなぜだろうか。

1116　世界史の概念と〈世界－歴史的なもの〉

わたしたちが主張しているのは、第一義的に歴史的に存在しているのは現存在であるが、第二義的には［現存在が］世界内部的に出会うものもまた、歴史的に存在しているということである。そしてもっとも広義の手元的な道具だけではなく、環境世界の自然もまた、「歴史の土台」となるものとして、歴史的に存在しているのである。現存在ではないが、それが世界に所属することに基づいて歴史的であるような存在者のことを、わたしたちは〈世界－歴史的なもの〉と名づけることにしよう。

いわゆる「世界史」という通俗的な歴史の概念は、まさにこのような第二義的な歴史的なものの方向性から生まれたのだということが示されよう。世界－歴史的なものは、歴史学的な客観化によって初めて歴史的になったのではなく、世界内部的に出会うそのありかたのままで、すでにそのような存在者として歴史的に存在しているのである。

1117　本来的に歴史的な存在者の歴史性

まだ眼前的に存在している道具にそなわる歴史的な性格を分析することによって、わたしたちは第一義的に歴史的に存在している現存在のもとに戻ってきた。それとともに、歴史的なもの一般の時間的な性格を考察する際に、眼前的な存在者の時間内存在を主要な手掛かりとしてはならないのではないかという疑問も生まれたのだった。存在者は、ますます遠い過去に遠ざかるほど、「より歴史的な」ものになるわけではない。だから最古のものが、もっとも本来的に歴史的なものであるわけではないのである。そのため、本来的に歴史的な存在者［である現存在］の歴史性にとっては、505〈今〉や〈今日〉からの「時間的」な遠さというものが、第一義的に構成的な意義をそなえているわけではないのである。それはこうした［現存在という］存在者が「時間のなかに」存在していないからでも、無時間的に存在するものだからでもない。こうした存在者はあまりに根源的に時間的なものとして実存しているために、その存在論的な本質からして、「時間のなかで」眼前的に存在するとか、過ぎ去り、到来するなどということは決してありえないことだからである。

1118　歴史性の新たな問い

なんとも回りくどい考察だと言われるかもしれない。根本において人間という現存在が歴史の第一義的な「主体」であることは、誰も否定しないことである。これはすでに述べられた通俗的な歴史概念が、十分に明確に語っていることである。しかし「現存在は歴史的に存在する」というテーゼが主張しようとしているのは、人間は世界史の営みのうちで、それを構成する多少とも重要ではあれ「原子」のようなものにすぎず、さまざまな事情や出来事にもてあそばれる手毬のようなものにすぎないという存在者的な事実だけではない。このテーゼは、歴史性は、「歴史的な」主体「である現存在」の主体性を構成する本質的な機構であるが、それはどうしてそうなのか、そしてどのような存在論的な条件を根拠としているのかという問題を提起しているのである。

訳注

（1）【欄外書き込み】〈過ぎ去ったもの〉のところの欄外に、「以前においては先立っていたが、今では取り残されているもの」と書かれている。

第七四節　歴史性の根本機構

1119　生起と先駆的な決意性

現存在は、事実的にそのつどみずからの「歴史」というものをそなえているし、そなえることができる。それは、この現存在という存在者の存在が、歴史性によって構成されているからである。これからこのテーゼが正当なものである根拠を示そうと思うが、それは歴史の存在論的な問題が、実は実存論的な問題であることをあらわにするためである。

わたしたちは現存在の存在を気遣いとして画定してきた。気遣いは時間性に依拠している。そこで実存を歴史的なものとして規定している生起は、この時間性の領域のうちで探さねばならない。このようにして、現存在の歴史性の解釈とは根本的に、時間性をさらに具体的かつ詳細に考察することであることが証されたのである。わたしたちは時間性をまず、本来的に実存することのありかたに基づいて明らかにしながら、このありかたを先駆的な決意性として性格づけたのだった。それではなぜ、現存在の本来的な生起は、この先駆的な決意性のうちに含まれているのだろうか。

506

1120 実存の可能性と被投性

決意性とは、〈もっとも固有な負い目ある存在へ向けて、沈黙のうちに、不安に耐えながらみずからを投企すること〉と定義されてきた。[*1] これがみずからの本来的な決意性となるのは、先駆的な決意性であるときである。[*2] この先駆的な決意性のうちで現存在はみずからを、死を前にして、自分自身がそれである存在者を、みずからの被投性において、全体として引き受けるというありかたで、自己の存在可能という観点から理解するのである。みずからに固有な事実的な「そこに現に(ダー)」を、決意しながら引き受けるということは同時に、状況へ向かって決意するということである。

現存在がそのつど事実的に、〈何に向けて(ヴォーツー)〉決意するかということは、実存論的な分析では原則的に解明することができない。さらにこの探求は、実存がその事実的な可能性をいかに実存論的に投企するかという営みについても、考察の範囲から除外している。それでも、現存在が自己を事実的にこうした実存の事実的な可能性に向けて投企していくためのさまざまな可能性が、一般にどこから汲み取られうるのかということは、問わねばならない。

実存の追い越すことのできない可能性に向かって、すなわち死に向かって、先駆的にみずからを投企することは、決意性の全体性と本来性を保証しているだけである。そして事実的に開示される実存のさまざまな可能性は、死から取り出すことはできない。というのも、さまざまな可能性のうちに先駆することは、そうした可能性についての思索ではなく、事実的な〈そこに現に(ダー)〉へと立ち帰ることを意味するからである。

そうだとすると、みずからの世界のうちに自己(ゼルプスト)が投げ込まれていることを引き受けることで、ある地平が開示され、実存はそこからみずからの事実的な可能性を奪いとってくるのではないだろうか。さらに現存在はみずからの被投性の〈背後にさかのぼる〉ことはできないことが指摘されていたのではないだろうか。[*3] 現存在はみずからの本来的な実存の可能性を、被投性から汲み取るのかどうか、あまりに性急に決めてしまう前に、まず被投性という気遣いの根本的な規定性について、その完全な概念を確保しておく必要がある。

1121 実存の可能性の解説と選択

507

［被投性として世界に］投げ込まれている現存在は、自分自身とみずからの存在可能へと委ねられているが、それはしかしやはり世界内存在としてのことである。現存在は被投的であることで、ある「世界」に依存し、事実的には他者たちとともに実存している。現存在はさしあたりたいていは、自己（ゼルプスト）を世人（ひと）のうちに喪失している。この自己は、そのつど今日的な「平均的な」公共的な現存在の解釈として「流通している」実存の可能性に基づいて、みずからを理解している。これらの実存の可能性は多くの場合、曖昧さのために見分けにくいものになっているが、それでも馴染みのもの

である。本来的な実存的な理解は、このようにして受け継がれた解釈から身を引くどころか、こうした解釈のうちから出発し、こうした解釈に抵抗しながらも、それでもこうした解釈のために、みずから選んだ可能性を決断においてふたたび摑み取るのである。

1122　現存在の宿命

現存在は決意性によってみずからのもとに立ち帰ってくるが、現存在は決意性において、被投的な決意性として、ある遺産を受け継いでいるのであり、決意性はこの遺産のうちから、本来的な実存のそのつどの事実的な可能性を開示するのである。現存在が決断しつつ被投性のもとに立ち帰るということには、受け継がれたさまざまな可能性をみずから伝承するということが含まれるのである——ただし現存在は必ずしもそれを、受け継がれた可能性として理解していないこともあるが。

すべての「善きもの（グーテ）」というものは、このような相続した財産なのであり、その「善きこと（ギューテ）」という性格が、本来的な実存を可能にすることによって生まれるのである。そうであれば、遺産の継承というものは、決意性のうちで構成されることになる。現存在が本来的に決意すればするほど、すなわち死への先駆において、みずからにもっとも固有の卓越した可能性に基づいて、曖昧さなしにみずからを理解すればするほど、それだけ曖昧さも偶然性もなく、みずからの実存の可能性を選択し、発見することになるだろう。

死への先駆だけが、偶然的で「暫定的な」可能性を追い払う。死にたいして開かれていることだけが、現存在に端的な目標を与え、実存をその有限性のうちに突き進ませる。先駆において摑み取られたこの実存の有限性は、快適さや軽々しさや逃避など、現存在にもっとも身近にある可能性の多様で、際限のないありかたから現存在を引き戻し、現存在をみずからの宿命の単純さに直面させる。ここで宿命（シックザール）という語は、本来的な決意性のうちにひそんでいる現存在の根源的な生起を意味している。この生起のうちで現存在は死に向かって自由でありながら、相続され、同時にみずから選択した可能性のうちにあって、みずからをじぶん自身へと伝承するのである。

384

508

1123 宿命の転変

現存在は宿命のさまざまな転変に見舞われることがありうるが、それは現存在がみずからの存在の根本において、ここで述べた意味で宿命として存在するからである。現存在は宿命的な存在として、みずからを伝承しつつ決意性のうちで実存しており、世界内存在として、「幸運な」事情に「迎えられること」にも、偶然性の残酷さにも、開かれている。

宿命というものは、さまざまな事情や事件が衝突して生まれるものではない。決断していない人も、こうしたものに追い回されるのである。しかし決断していない人は、みずから選んだ人よりも、さらに追い回され、同時にいかなる宿命も「所有する」ことができないのである。

1124 現存在の威力と無力、運命

現存在が死に向かって先駆し、みずからのうちで死を力強いものにするとき、現存在は死にたいして開かれて自由になり、その有限な自由のうちに示されたみずからの偉大な力のうちで、自己を理解する。この有限な自由は、選ぶべきことをみずから選びとっていることのうちに、そのつど「存在する」だけのものであり、この有限な自由のうちで現存在は、みずからに委ねられていることの無力を引き受け、開示された状況のさまざまな偶然についての洞察をもてるようになる。

しかし宿命のうちにある現存在は、世界内存在であるかぎりで、その本質からして他者たちとの共同存在において実存しているのであり、現存在の生起は他者との共同の生起であり、運命という性格をおびるのである。この運命(ゲシック)という語によってわたしたちは、共同体の生起を、民族(フォルク)の生起を指すのである。この運命は、個人の宿命が集まって作られるものではない。これは、共同相互存在が、複数の主体が集まって現前しうるものとは捉えられないのと同じである。[*4]

個人の宿命は、同じ世界のうちで共同相互存在しているということ、そして特定の可能性に向かって決断していることにおいて、初めからすでに「運命へと」導かれていたのである。運命の力は、伝達と闘争のうちで初めて自由に発揮される。現存在の宿命的な運命は、みずからの「世代」[*5]のうちで、そしてその世代とともにあってこそ、現存在の完全で本来的な生起を構成するのである。

385

1125　宿命の可能性の条件としての時間性

509

宿命は無力ではあるが、逆境を覚悟している〈偉大な力〉であって、その偉大な力は〈固有な負い目ある存在へ向けて、沈黙のうちに、不安に耐えながらみずからを投企すること〉から生まれる。この宿命が可能になるための存在論的な条件として必要とされるのが、気遣いという存在機構であり、すなわち時間性なのである。ある存在者の存在において、気遣いにおいても同じであったように、死、負い目、良心、自由、有限性が等根源的に集まっているときにだけ、その存在者は宿命という様態で実存することができる。すなわち自分の実存の根本において、その存在者は歴史的であることができるのである。

1126　宿命と歴史性を可能にするもの

その本質からしてみずからの存在において〈将来的〉であり、したがってみずからの死に向かって開かれて自由でありながら、死に直面して打ち砕かれ、みずからの事実的な〈そこに現に〉へと投げ返されることのできる存在者だけが、すなわち将来的なものとして等根源的に〈既往しつつ〉存在している存在者だけが、相続された可能性をみずから自身に伝承しながら、みずからに固有の被投性を引き受けて、「自分の時代」にたいして〈瞬視的に〉存在することができる。本来的な時間性が同時に有限であることによってのみ、宿命というものが可能になるのであり、そのようにして本来的な歴史性が可能になるのである。

1127　反復の意味

決意性は、あるものに向かってみずからを投企することを決意するのであるが、その投企の可能性の由来をいつも明示的に知っている必要はない。しかし現存在は実存的な存在可能に向かって自己を投企するのであり、この存在可能を、伝承された現存在了解のうちから明示的に取り出してくる可能性は、現存在の時間性のうちに含まれているし、またそこにしか含まれていないのである。その場合には、みずからに立ち戻り、自己を伝承する決意性は、受け継がれてきた実存可能性をそのつど反復するものとなる。この反復とは、明示的に伝承することを意味する。すなわち、そこに現に既往していた現存在のさまざまな可能性のうちに戻ることである。

かつて既往していた実存の可能性を本来的に反復するということは、現存在がみずからの〈英雄〉を選ぶということであり、これは実存論的には、先駆的な決意性に依拠したものである。というのは先駆的な決意性のうちでまず選ばれるのが、反復可能なものに向けて戦いながら従い、忠実であることに向かって開かれて自由にする選択だからである。しかしある既往的な可能性を反復して、それをみずからに伝承することは、かつて既往していた現存在を開示して、それをふたたび現実的なものにすることを試みることではない。

可能なものを反復するということは、「過ぎ去ったもの」をふたたび呼び戻すこと 510 ではないし、「現在」を「時代遅れになったもの」に引きとめることでもない。また反復とは、決意した自己投企から生まれるものであるから、「過ぎ去ったもの」に説得されて、それをかつての現実的なものとして回帰させるにすぎないようなものではない。むしろ反復は、そこに現に既往していた実存の可能性に応答するのである。その可能性に決意のうちで応答することは、同時にまた瞬視的な応答として、今日において「過去」としてなお効果を発揮しているものに無効を宣言することである。反復は、みずからを過ぎ去ったものに委ねることはないし、進歩を目指すこともない。このどちらも、瞬視における本来的な実存にとってはどうでもよいことなのである。

386

1128　既往の優位の理由

わたしたちは反復を、みずからを伝承する決意性の様態と考える。この様態によって、現存在は明示的に宿命として実存するのである。しかし宿命は根源的に現存在の歴史性を構成するのであるから、歴史の本質的な重みは、過ぎ去ったもののうちにあるのでも、今日と過ぎ去ったものとの「連関」のうちにあるのでもなく、現存在の将来から生まれる実存の本来的な生起のうちにあるのである。

歴史は現存在の存在のありかたとして、その本質からして将来に根差すものである。そのためにこそ、現存在の特徴的な可能性である〈死〉が、先駆的な実存をみずからの事実的な被投性に投げ返すのであり、それによって初めて歴史的なもののうちで既往的なもののありかたに独特な優位を与えるのである。

本来的な〈死に臨む存在〉、すなわち時間性の有限性こそが、現存在の歴史性の秘められた根拠である。現存在は反復において初めて歴史的になるのではない。現存在は時間的なものとして歴史的であるからこそ、みずからの歴史において反復しながら自己を引き受けることができる。そのためには現存在はいまだ、いかなる歴史学(ヒストリエ)も必要としないのである。

1129　宿命と運命の関係

決意性のうちには、先駆しながら、みずからを瞬視の〈そこに現に(ダー)〉へと伝承することがひそんでいるのであり、このような伝承をわたしたちは〈宿命(シックザール)〉と名づける。運命(ゲシック)はこの宿命を根拠とするものであり、運命とは、他者との共同存在における現存在の生起のことであると、わたしたちは理解するのである。宿命的な運命は、受け継がれてきた遺産と結びついているため、反復において明示的に開示されることがある。

511

このように反復によって現存在は初めてみずからに固有な歴史に眼を開くのである。生起そのもの、それにそなわる開示性、そしてこの開示性をみずからのものとすることは、実存論的にみるならば、現存在が時間的なものとして、脱自的に開かれていることを根拠とするのである。

1130　現存在の本来的な歴史性

わたしたちがこれまで先駆的な決意性のうちに含まれる生起に照らして歴史性として述べてきたものを、現存在の本来的な歴史性と呼ぶことにしよう。将来のうちに根差している伝承と反復という二つの現象によって、本来的な歴史の生起が、その重みを既往のうちにもっている理由が明らかにされた。しかしなお謎めいていることがある。このような宿命としての生起が、誕生から死にいたるまで、現存在の「連関」の全体を構成するのはなぜなのかという謎である。

わたしたちが決意性の考察に戻ってきたことで、どのような新たなことが解明されるようになっただろうか。決意というものは、現存在の全体的な体験連関の連なりのうちに現れる個々の「体験」の一つにすぎないのだろうか。こうした決意がつぎつぎと継ぎ目なく続くことで、本来的な生起の「連関」が成立するのだろうか。「生の連関」を構成するものへの問いに、十分に満足できる答えがえられないのはなぜなのだろうか。わたしたちの探求は結局のところ、あまりに答えを急いで求めすぎて、その前に問いそのものの正当性を吟味しなかったのではないだろうか。

これまでの実存論的な分析論の進み方を調べてみると、現存在の存在論が、通俗的な存在了解に誘惑されて、それに繰り返し屈してしまったという事実ほど、明らかなことはない。こうしたことに方法論的に対処するには、現存在の連関の構成というきわめて「自明な」問いの根源を追求して、その問いがどのような存在論的な地平のうちで動いているかを規定しなければならない。

512

1131 現存在の非本来的な歴史性の考察

現存在の存在に歴史性が属しているのであるから、非本来的な実存もまた、歴史的なものでなければならない。もしも現存在の非本来的な歴史性が、「生の連関」への問いの方向を定めているのであり、それが本来的な歴史性への接近を拒み、それに固有の「連関」への道を塞いでいるとすればどうだろうか。それはそれとして、歴史の存在論的な問題を十分に完全な形で提示するためには、現存在の非本来的な歴史性の考察を省くことはできないのである。

原注

＊1　本書第六〇節、二九五ページ以下［第六分冊、二四四ページ以下］を参照されたい。

＊2　本書第六二節、三〇五ページ［第七分冊、二四ページ］を参照されたい。

＊3　本書［第五八節］、二八四ページ［第六分冊、二〇四ページ］を参照されたい。

＊4　本書第二六節、一一七ページ以下［第三分冊、一六〇ページ以下］を参照されたい。

＊5　「世代」の概念については、ディルタイ『人間、社会、国家に関する諸学の歴史研究』（一八七五年）、全集第五巻（一九二四年）、三六～四一ページを参照されたい。

第七五節　現存在の歴史性と世界－歴史

1132　生起と個人の体験の流れ

現存在はさしあたりたいていは、環境世界的に出会い、目配りによって配慮的に気遣うものに基づいて、みずからを理解している。この理解は、現存在のすべての行動に付随するだけのたんなる自己認識にすぎないものではない。理解とは、世界内存在のそのつどの可能性に向かって自己を投企することであり、こうした可能性において実存することである。このように理解は常識において、世人（ひと）という非本来的な実存もまた構成するのである。

ところで日常的な配慮的な気遣いが、公共的な相互性のうちで出会うものは、道具や製品だけではなく、それとともに「起こる」ことにも出会うのである。たとえば「業務」とか、仕事とか、事故や災害などとも出会うのである。「世界」は同時にこうしたことが起こるための土台であり、舞台であり、そのようなものとして、日常的な生活の営みにともに属しているのである。

この公共的な相互性のうちで現存在は、「世人自己（マン・ゼルプスト）」が他者と「ともに泳ぎ回って」いる営みにおいて、他者と出会う。ひとはそうした営みを知っていて、それについて語り、あるいは賛成したり反対したりし、それを心掛けたり忘れたりしているが、それでも何がそこで営まれているか、何がどのような「結果をもたらす」かということを主として考慮しているのである。

わたしたちは個々の現存在の暮らしむきの進捗、停滞、移り変わり、「収支」などをさしあたりは配慮的に気遣われるものの進み方、休止、変化、利用可能性などに基づいて計算する。こうした日常的な常識に属する現存在の了解について指摘することは、いかにも瑣末なことと思われるかもしれないが、存在論的には決して見通しのよいものではない。それではなぜ、現存在の「連関」を、配慮的に気遣われたものや

513

「体験されたもの」に基づいて規定してはならないのだろうか。そもそも道具や製品や、現存在が従事しているすべてのものごとは、ともに「歴史」に属しているのではないのだろうか。「属していないとすれば」それでは歴史の生起とは、個々の主観のう

ちで「体験の流れ」が孤立して経過するにすぎないものとなってしまうのではないだろうか。

1133　世界史の意味

実際には歴史というものは、客観のさまざまな変化からなる運動の連関ではないし、また「主観」の宙に浮いた体験の連続でもない。それでは歴史の生起は、主観と客観の「連結」のことを指すのだろうか。歴史の生起を、主観と客観の関係にかかわるものとみなすとしても、この連結こそが根本的に「生起する」ものであるのだから、その連結そのものの存在様式を問わなければならないだろう。

現存在は歴史的であるというテーゼは、無世界的な主観が歴史的に存在するということではなく、世界内存在として実存している存在者が歴史的であるということである。歴史の生起は、世界内存在の生起である。現存在の歴史性は、その本質からして世界の歴史性であり、世界の歴史性は脱自的かつ地平的な時間性に基づいて、その時間性の時熟に属しているのである。

現存在が事実的に実存するかぎり、現存在はすでに世界内部的に露呈されるものに出会っている。歴史的な世界内存在の実存とともに、手元的な存在者や眼前的な存在者が、そのつどすでに世界の歴史のうちに引き込まれているのである。道具や製品、たとえば書物なども、それぞれの「宿命」をそなえているし、建造物や制度などにも独自の歴史がある。

そして自然もまた歴史的に存在する。ただし「自然史」と語られるときに考えられているような意味においてではなく、[*1]風土、移住地、開拓地として歴史的であり、さらに戦場や礼拝の場所として歴史的なのである。これらの世界内部的な存在者は、世界内部的なものとして歴史的に存在するのであり、それらの歴史は、「魂」の「内的な」歴史にたんに随伴するだけの「外的なもの」を意味するものではない。わたしたちはこうした存在者を世界-歴史的なものと呼ぶことにする。

514

その際に、ここでは存在論的に理解されたこの「世界-歴史」という表現が、二重の意義をそなえて選ばれていることに留意する必要がある。まずこの表現は、現存在と、本質からして実在的な統一を形成している世界そのものの生起を意味する。しかしこの表現は同時に、事実的に実在する世界とともに、そのつど世界内部的な存在者が露呈されていることに基づいて、手元的な存在者と眼前的な存在者の世界内部的な「生起」をも意味しているのである。

歴史的な世界は事実的には、世界内部的な存在者の世界としてしか存在しないのである。道具や製品において「生起」する事柄には、動性という特有の性格があるが、これまではこの性格についてはまったくの暗がりに包まれてきた。たとえば一つの指輪が「贈られ」、「指にはめられて」いるとしよう。その意味からみると、その指輪は、たんに場所が移動しただけではない。生起の動性は、そこにおいて何かが「それとともに生起した」ことを示すものであり、これはたんなる場所の移動としての運動によっては、まったく把握できないのである。

同じことは、すべての世界－歴史的な「出来事」や事件について、ある意味では「天変地異」についても言える。ただし世界－歴史的な生起の存在論的な構造については、ここで詳しく追跡することはできない。そうするとどうしても、わたしたちの主題の限界を超えてしまわざるをえないし、この論文の意図にも反するからである。この論文では、生起一般の動性という存在論的な謎に導いていくことを意図しているのである。

1134　通俗的な世界-歴史の了解

現存在の歴史性について語るさいには、どうしても存在論的に含めて考えなければならないような現象が存在するのであり、重要なのはそうした現象の領域を画定しておくことである。世界の超越は時間的に根拠づけられたものであり、この超越に基づいて、実存する世界内存在の生起においては、そのつどすでに世界-歴史的なものが「客観的に」そこに現に存在している。ただしそれが歴史学的に把握されることはないだけなのである。

そして事実的な現存在は頽落しながら配慮的に気遣ったもののうちに没頭しているために、現存在はみずからの歴史もまた、さしあたりは世界-歴史的に理解している。さらに通俗的な存在了解は、「存在」ということを無差別に、眼前性として理解しているために、世界-歴史的なものの存在も、到来し、現前し、消滅していく眼前的なものという意味で経験され、解釈されるのである。

そして最後に、存在一般の意味は、端的に自明なものとみなされているために、世

68

界－歴史的なものの存在様式への問いも、生起一般の動性についての問いも、「そも

515

そも本来は」実りのない面倒な作業であり、言葉の詮索にすぎないことになってしまうのである。

1135

現存在の「連関」への問い

日常的な現存在は、日々に「発生する」多様な事柄のうちに気を散らしている。配慮的な気遣いがあらかじめ「巧みに」予期していたさまざまな機会や事情などが、その人の「宿命」を作りだすことになる。非本来的に実存している現存在は、配慮的に気遣ったものごとのうちから、初めて自分の歴史を計算する。そのさいに現存在は、自分の「業務」に追い回されているので、自分自身に立ち帰ろうとするならば、気を散らされている状態から、ちょうど今「起きたばかりのこと」の関連のなさのうちから、自分を初めて取り集めてこなければならない。このような非本来的な歴史性の了解の地平のうちからこそ、眼前的に「も」存在している主観の体験にそなわる現存在の「連関」をどのようにして確立するかという問いが初めて生まれてくるのである。

この問いの地平が支配的なものとなりうるのは、決意が欠如しているためであり、この決意の欠如は、自己（ゼルプスト）の〈非自立性〉［不断に自己でないこと］のありかたにとっては、本質的なものなのである。

1136　連関への問いの不適切さ

現存在の「連関」への問いが、誕生と死のあいだのさまざまな体験の連鎖のもつ統一についての問いであるかぎりで、この問いの根源が明らかにされたことになる。また、現存在の歴史の全体性を、根源的かつ実存論的に解釈しようとするわたしたちからみると、このような問いが不適切なものであることは、この問いの由来を考えてみても明らかなことである。

しかしこのような「一見すると」「自然な」問いの地平が優勢であることによって説明できることがある。それは「生の連関」への問いが根本的に目指しているものを、存在論的な根拠のある問題という形で提起しようとするときに、現存在の本来的な歴史性である宿命と反復によっては、どうしても現象的な土台を提供することができないようにみえるのだが、なぜそれができないかという理由が明らかになってくるのである。

1137　死と誕生の取り入れ

だから、すでに起こり、さらに今も起こりつつある「諸体験」のつながりを事後的に連鎖させようとして、現存在はその連関の統一をどのようにして獲得するのかというように問い掛けてはならないのである。そうではなく、現存在は、気を散らした状態から、いわば事後的に初めて自己を取り集め、その取り集めたものに包括的な統一を案出しなければならないと考えるほどに、自己を喪失してしまうのは、現存在自身がどのような存在様式にあるからなのかと、問わねばならないのである。

516

世人（ひと）と世界‐歴史的なものへの現存在の自己喪失が、死に臨んでの逃走であることは、すでに明らかにしてきた。この〈～に臨んでの逃走〉ということは、〈死に臨む存在〉が気遣いの根本的な規定性の一つであることをあらわにするものである。先駆的な決意性は、この〈死に臨む存在〉を本来的な実存のうちにもたらす。

ところでこの決意性の生起は、遺産として受け継いださまざまな可能性を、先駆しつつみずからに伝承して反復することであり、これをわたしたちは本来的な歴史性として解釈してきた。この本来的な歴史性のうちにこそ、全体的な実存の根源的で、自己喪失することなく、〈連関〉のようなものを必要としない〈伸び広がり〉のようなものがひそんでいるのではないだろうか。

自己(ゼルプスト)の決意性を、気を散らした状態の〈非自立性〉［＝不断に自己でないこと］と比較してみると、自己の決意性には、それ自身において伸び広がる不断のありかた［自立性］がそなわっていることが分かる。現存在はそうした不断のありかたのうちで、誕生と死とこれらの「あいだ」を、宿命としてすでにみずからの実存のなかに「取り入れて」保持しているのである。そしてこのような不断のありかたにおいて、現存在はそのつどの状況における世界－歴史的なものに向かって、瞬視的に存在しているのである。現存在はさまざまな既往的な可能性を宿命的に反復しながら、自分よりも前に、すでに既往していたもののところに「直接的に」、すなわち時間的に脱自的に、みずからを連れ戻すのである。

このように遺産をみずからに伝承することによって、死の追い越すことのできない可能性から立ち戻りながら、やがては「誕生」ということも、実存のなかに取り入れられるのである。そしてそれはもちろん、この実存があくまでもみずからに固有の〈そこに現に〉の被投性を、幻想なしに受け取ることができるためである。

1138 実存の自立性と瞬間

決意性は、実存がみずからに固有な自己にたいしてもつ忠実さを構成する。この忠実さは、不安に耐えようとする決意性であるから、同時にまた自由な実存がもつことのできる唯一の権威にたいする尊敬に、すなわち実存の反復可能な可能性への尊敬になることができる。決意性とは、決断の「働き」が「持続する」あいだだけ、「体験」として現実的に存在するものだと考えるならば、それは決意性について存在論的に誤解することだろう。

決意性のうちには実存的に不断のありかたが存在するのであり、そのありかたはその本質からして、決意性から生まれうるすべての瞬視を先取りしているものである。

宿命としての決意性は、ある特定の決断を放棄することが状況に応じて求められる場合にも、それに応じて放棄することのできる自由である。これによって実存の不断のありかたが破壊されるわけではなく、まさに瞬視的にそれを確証するのである。この不断のありかたは、複数の瞬間がたがいに連結されることによって生まれるのではないし、この連結に基づいて生まれるのでもない。むしろこれらの瞬間こそが、将来的に既往する反復というすでに伸び広げられた時間性から生まれてくるのである。

1139　**非本来的な歴史性と本来的な歴史性**

これにたいして非本来的な歴史性においては、宿命の根源的な〈伸び広がり〉が覆い隠されている。現存在は世人自己(マン・ゼルプスト)として不断に自己ではなく、みずからの「今日」を現在化している。現存在は、次に訪れる新奇なものを予期しながら、古きものをいちはやく忘れ去っている。世人(ひと)は選択することを避けようとする。世人(ひと)はさまざまな可能性にたいして盲目であり、既往のものを反復することができない。むしろ世人(ひと)は、既往した世界－歴史的なもののうちに残存する「現実的なもの」、すなわち遺物やそれについて眼前的に存在している情報を保有しているだけである。世人(ひと)は、〈今日〉

を現在化することだけに専念して自己を喪失しており、「過去」は「現在」から理解するのである。

ところが本来的な歴史性の時間性は、先駆しながら反復する瞬視であるから、〈今日〉を脱現在化して、世人(ひと)の習慣から脱却する。これにたいして非本来的な歴史的な実存は、自分でも見分けることのできなくなった「過去」の遺物の重みを負いながら、〈現代的なもの(ダス・モデルネ)〉を追い求めている。本来的な歴史性は、歴史というものは可能なものが「回帰」してくることだと理解しており、そうした可能なものが回帰してくるのは、実存が決断した反復のうちで、宿命的かつ瞬視的に、可能性に向かって開かれているときだけであることを知っているのである。

1140 存在の謎と運動の謎

現存在の歴史性についての実存論的な解釈は、知らず知らずのうちにいつも暗がりのうちに落ち込んでしまう。この暗がりを拭い去るのは、たやすいことではない。それというのも、適切な問いを立てることが可能な次元というものがきちんと定められていないからであり、またどの次元においても、存在の謎が、そして今では明らかになったように、運動の謎が立ちふさがるだけに、それはたやすいことではないのである。

518

そうではあるが、わたしたちは次の節において、学問としての歴史学が、現存在の歴史性からどのように存在論的に成立してきたかについて、構想するよう試みてみよう。それはやがて、哲学の歴史を歴史学的に解体するという課題を明確なものとするための準備作業として役立つだろう。*2

原注

*1 歴史の動性と比較して、「自然の生起」を存在論的に画定する課題については、F・ゴットル『歴史の限界』（一九〇四年）の考察を参照されたい。この論考は、まだ十分に評価されていない。

*2 本書第六節、一九ページ以下［第一分冊、九四ページ以下］を参照されたい。

第七六節　現存在の歴史性に基づく歴史学の実存論的な起源

1141

この節の目的

どの学問でも同じことだが、歴史学(ヒストリエ)も現存在の一つの存在様式であり、事実的に、またそのつどの「支配的な世界観」に「依存している」ことについては、説明の必要はないだろう。しかしそれをたんに事実として確認するだけでなく、学問がどのようにして現存在の存在機構から誕生してくるのかについて、存在論的な可能性を問うことが必要である。この起源はまだ見通しのよいものになっていないのである。

この分析では、わたしたちの探求との関連で、歴史学の実存論的な起源をその輪郭だけでも明らかにしようとしているのだが、この分析によって現存在の歴史性の性格と、それが時間性に根差しているものであることが明確に照らしだされるように、簡単に素描してみることにしよう。

1142　歴史学の特殊性

現存在の存在は原則的に歴史的なものであるから、どのような事実的な学問も、現存在の生起としっかりと結びついているのは明らかである。しかし歴史学は、さらに特有の卓越したありかたで、現存在の歴史性を前提条件としている。

1143　方法論的な注

この「歴史学が現存在と特別な結びつきをもつ」ことを説明するために、歴史学は現存在の歴史についての学問であるから、その学問に可能な「客体」は、根源的に歴史的な存在者［である現存在］を「前提」とせざるをえないことを指摘しようとするかもしれない。しかし歴史が存在しなければならないのは、歴史学に対象を提供するためだけではないし、歴史学的な認識だけが、現存在の生起的なふるまいとして、歴史的であるのでもない。むしろ歴史をめぐる歴史学的な開示がそれ自体において、その

519

開示が事実的に遂行されるかどうかとはかかわりなく、その存在論的な構造によって、現存在の歴史性のうちに根差しているのである。この節のタイトルを「現存在の歴史性に基づく歴史学の実存論的な起源」としたのは、この連関を示すためである。

この連関を解明するということは方法論的には、歴史学の理念を、現存在の歴史性に基づいて、存在論的に構想するということである。これにたいして今日において事実的に行われているように、学問研究の営みから歴史学の概念を「抽象」してみたり、この概念をこうした事実的な学問研究の営みに適合させたりすることは、重要な課題ではない。というのも原理的に判断して、このような事実的なやりかたが、実際に歴史学をその根源的で本来的な可能性において代表するものであるという保証はまったくないからである。

そしてこうしたやり方が歴史学を代表するものだとしても（わたしたちはこれについてはいかなる決定も控えることにする）、こうした歴史学の概念は、すでに理解されている歴史の理念を導きの糸とするのでなければ、事実に即して「露呈させる」こともできないだろう。さらに反対に、歴史学についての実存論的な理念は、歴史学者が自分たちの事実的なやりかたとこうした理念が一致すると証言したところで、権威が

393

高まるというものではない。またそうした一致を否定したところで、「偽り」となるものでもない。

1144　歴史学の前提

学問としての歴史学の理念には、歴史学とは歴史的な存在者を開示することを、固有の課題として摑み取るものであるということが含まれている。すべての学問は、第一義的には主題化によって構成される。すなわち開示された世界内存在としての現存在において前学問的に熟知されていたことが主題化されることで、その固有の存在へと投企されるのである。この投企によって、存在者の領域の境界が画定される。そしてこの存在者にどのような形で接近するかについて、方法論的な「指針」が示され、それを解釈するための概念装置の構造が素描される。

さてここで、そもそも「現代史」というものが可能かどうかという問いは脇に置いておくことにして、歴史学の課題は「過去」を開示することだと考えることにしよう。

するとすでに「過去」というものが開示されていなければ、歴史を歴史学的に主題化することはできないことになる。

そこで過去を歴史学的に再現するために十分な史料が利用できるかどうかという問題は別にして、ともかくも一般に歴史学的に過去にさかのぼるためには、過去へといたる道が開かれていなければならない。ところで、こうした道が開かれているかどうか、それがどのようにして可能であるかは、まったく明らかなことではないのである。

520

1145 歴史研究の対象のそなえるべき条件

さて現存在の存在が歴史的であるということは、脱自的かつ地平的な時間性に基づいて、現存在がみずからの既往に開かれているということである。その意味では、「過去」を主題化する作業は実存のうちで遂行できるのであり、そのための道はおおむね開かれているのである。そして現存在は、しかも現存在だけが根源的に歴史的なのであるから、歴史学的な主題化の作業で、歴史研究に可能な対象として提示されるものは、そこに現に既往していた現存在という存在様式をそなえたものでなければならない。現存在が世界内存在として事実的に存在するからこそ、そのつど世界-歴史も存在するのである。現存在がもはや〈そこに現に〉存在しないならば、世界もまた〈そこに現に既往していたもの〉として存在するようになる。以前に世界内部的に手元的に存在していたものが、それにもかかわらずまだ過ぎ去っておらず、そこに現に既往していた世界に属した〈過ぎ去らぬもの〉として残っていて、現在において「歴史学的に」眼前的に存在していることがあるが、これはすでに述べたことと矛盾するものではない。

1146　歴史学の資料の意味

まだ眼前的に存在しているさまざまな遺跡、記念碑、報告などは、そこに現に既往していた現存在を具体的に開示するために可能な「資料」である。こうしたものが歴史学的な資料になることができるのは、それに固有な存在様式によって、世界-歴史的な性格をそなえているからである。そしてこれらのものが実際に資料になるのは、その世界内部的な性格があらかじめ理解されていたからである。

すでに投企されていた世界がどのようなものであったかは、まだ「保存されている」世界－歴史的な資料を解釈することで規定される。資料の入手、選別、確定などの作業によって、初めて「過去」にさかのぼる道が開かれるのではない。こうした作業そのものが、そこに現に既往していた現存在とかかわって歴史的に存在することをすでに前提とするのであり、歴史学者の実存の歴史性をすでに前提としているのである。実存論的には、ごく目立たない「手作業での」処理にいたるまで、この歴史学者の実存の歴史性こそが学問としての歴史学を根拠づけているのである。*1

521

1147　歴史学の対象は

このように歴史学は歴史性に根ざしているのであり、歴史学「本来の」対象は何かということも、このことから決定できるはずである。歴史学の根源的な主題を画定する作業は、本来的な歴史性にふさわしい形で、この本来的な歴史性に属しており、そこに現に既往していたものを開示する働きとしての〈反復〉にふさわしい形で、遂行する必要がある。この反復とは、そこに現に既往していた現存在を、この既往的で本来的な可能性において理解するということである。

このように、歴史学が本来的な歴史性のうちから「誕生する」ということが意味しているのは、次のようなことだったのである。すなわち、歴史学の対象を第一義的に主題化する営みは、そこに現に既往していた現存在を、そのもっとも固有な実存の可能性に基づいて投企することなのである。それでは歴史学は、可能的なものを主題にすべきだということになるのだろうか。むしろ歴史学のすべての「本意」は、「実際のありかた」に即して、事実としてあったものをひたすら目指すことにあるのではないだろうか。

1148　現存在の実際の存在

しかし、現存在が実際に存在しているというのは、どんなことを意味しているのだろうか。現存在は「本来的には」、実存においてのみ現実的に存在しているのであるから、その「実際のありかた」とは、現存在が選び取った存在可能を目指して、決断しつつみずからを投企することのうちで構成される。そうすると、「実際に」本来的にそこに現に既往していたものとは、かつて宿命や運命や世界-歴史が、そのうちで事実的に規定されていたような実存的な可能性のことなのである。実存は、そのつどただ事実的に被投された実存であるから、歴史学は、〈世界内に既往していた存在〉を、その可能性から具体的かつ単純に理解して、「ただそれだけを」叙述すればするほど、可能的なものの静かなる力をますます強烈に開示することになるだろう。

1149　歴史学の主題

歴史学が、みずから本来的な歴史性のうちから育ってきて、そこに現に既往していた現存在をその可能性において反復してあらわにするならば、それはすでにまた一回的なもののうちに、「普遍的なもの」を明らかにしたことになる。歴史学は、一回的で「個性的な」出来事の系列だけを対象にするのか、それとも「法則」も対象とするのかということが問われることがあるが、その問いはその根本から的はずれなものである。歴史学が主題とするのは、ただ一回かぎりの生起ではないし、そうしたもののの上に浮遊しているような普遍的なものでもない。事実的にかつて実在において既往していた可能性が歴史学の主題なのである。

もしもこの可能性が、超時間的な範型のようなものとして、色あせたものへと転倒されるならば、もはやそうした実存的な可能性としては反復されず、したがって本来的に歴史的なものとして理解されることはなくなる。ただ事実的で本来的な歴史性だけが、決断した宿命として、そこに現に既往していた歴史を開示することができる。そしてこうした反復においては、可能的なものの「力」が、事実的な実存のうちにもたらされ、その将来的なありかたにおいて、その事実的な実存に向かってくるのである。

だから歴史学は、非歴史学的な現存在の歴史性と同じように、「現在」のうちで、ただ今日において「現実的なもの」から出発して、過去となったものへと、そこから手探りしながら戻っていくようなものではない。歴史学的な開示も、やはり将来から時熟するのである。何を歴史学の対象とすべきかを「選ぶ」作業は、現存在の歴史性の事実的で実存的な選択のうちで、すでに遂行されているのである。この現存在において初めて歴史学は生まれるのであり、そしてこの現存在においてのみ存在するのである。

1150 歴史学の客観性

「過去」の歴史学的な開示は、宿命的な反復に根拠を置くものである。そうした開示は決して「主観的な」ものではなく、それだけが歴史学の「客観性」を保証するのである。というのも、ある学問の客観性は第一義的には、その学問の主題とする存在者を、その存在の根源的なありかたにおいて、隠蔽することなく理解へともたらすことができるかどうかによって決まるからである。どのような学問にあっても、世人とその常識は、その学問における判断基準の「普遍妥当性」を要求し、その学問が「普遍性」を主張できるものであることを要求するのだが、これらは「真理」の可能的な基準とはならないものであり、このことは他のいかなる学問よりもまさに、本来的な歴史学にこそあてはまることなのである。

1151　歴史の主題の分岐

歴史学の中心的な主題とは、そこに現に既往していた実存の可能性であり、この実存は事実的にはつねに世界-歴史的に実存していたものである。だからこそ歴史学はあくまでも「実際のありかた」にしっかりと立脚することをみずからに求めることができるのである。事実的に行われている歴史学の研究がさまざまな分野に分岐し、道具史、作品史、文化史、精神史、理念史などを対象とするのはそのためである。

同時に歴史は、それ自体みずからを伝承する性格のために、そのつどみずからにそなわる既成の解釈のうちに存在しているのであり、この解釈はさらに独自の歴史をそなえている。だから歴史学もたいていは、伝承の歴史を経て、そこに現に既往していたものそのものへと、研究を進めてゆくのである。具体的な歴史学の研究においては、その本来の主題との近さがさまざまに異なることがあるが、それはこのためである。

523

歴史学者のうちには、初めからある時代の「世界観」のうちに身を「投じて」しまう人もいるが、そうしたからといって、そうしたやりかたは自分の対象をたんに「美的に」理解しているにすぎないのであり、本来的に歴史的に理解していることを証明するものとはならない。他方で、史料を校訂している「だけの」歴史学者の実存が、本来的な歴史性によって規定されているということもありうるのである。

1152 「歴史主義」の問題

きわめて遠隔の地にあるごく未開な文化圏を対象とするまでに、歴史学的な関心の領域の分化が盛んになったとしても、それだけではその「時代」が本来的な歴史性をそなえるようになったことを証明するものではない。結局のところ、「歴史主義」が問題にされるようになったということは、現代の歴史学に、現存在をその本来的な歴史性から疎外させる傾向があることを示す明瞭な兆候なのである。本来的な歴史性は、かならずしも歴史学を必要とするものではない。そして非歴史学的な時代が、ただちに非歴史的な時代であるとはかぎらないのである。

1153　三種類の歴史学

歴史学が一般に「生にとって」、「有益」であったり「有害」であったりすることができるのは、生というものがその存在の根底において歴史的であるからのことであり、事実的に実存するものとしての生が、そのつどすでに本来的な歴史性か、非本来的な歴史性かのいずれかに、みずからを決定してしまっているからである。「生に対する歴史の功罪」については、ニーチェが『反時代的な考察』の第二の考察(一八七四年)において、その本質的なところを認識し、明確かつ印象深く述べている。ニーチェは歴史学を、記念碑的な歴史学、好古的な歴史学、批判的な歴史学の三種類に分類しているが、歴史学がこの三つの学に分類されることの必然性と、それらが統一される根拠を明示的には述べていない。

歴史学がこれらの三つの学に分類されることは、現存在の歴史性のうちであらかじめ素描されている。そして同時に、本来的な歴史学というものがどこまで、これらの三つの可能性の事実的で具体的な統一でなければならないかについても、この歴史性に基づいて理解することができる。ニーチェの分類は偶然的なものではない。ニーチェの『反時代的な考察』の最初の部分を読んでみれば、ニーチェはそこで述べていることよりもさらに深く理解していたことが推測できる。

1154 三つの歴史学の根拠

524

現存在が歴史的に存在することができるのは、ただ現存在の時間性によってである。この時間性は、みずからの〈脱出〉の脱自的かつ地平的な統一において時熟する。現存在が将来的なものとして本来的に実存するのは、みずから選び取った可能性を、決断しながら開示することによってである。決断しながら「将来から」みずからへと立ち戻ってくるときに、現存在は人間的な実存の「記念碑的な」可能性に向かって、反復的に開かれているのである。このような歴史性から生まれてくる歴史学が、「記念碑的な」歴史学である。

現存在は既往的なものとしては、みずからの被投性に委ねられている。可能的なものを反復しながらみずからのものとすることのうちに同時に、そこに現に既往していた実存に敬意を表明しながら、それを守護する可能性があらかじめ素描されている。そうした実存において、摑み取った可能性があらわにされるからである。このようにして、本来的な歴史学は記念碑的なものであると同時に、「好古的な」歴史学である。

また現存在は、将来と既往性の統一において、〈現在〉として時熟する。この現在は瞬視として、〈今日〉を本来的に開示する。ところがこの〈今日〉は、摑み取った実存の可能性を、将来的に反復しながら理解することから解釈されるものであるから、本来的な歴史学はここにおいては、〈今日〉を〈脱現在化すること〉である。この歴史学は、今日の頽落した公共性から苦しみつつみずからを解放する営みである。このようにして記念碑的で好古的な歴史学は、本来的なものであるかぎり、必然的に「現在」の批判となる［のであり、批判的な歴史学となる］。このように本来的な歴史性こそが、歴史学の三つのありかたが統一されうることの土台となっているのである。そして本来的な歴史学の土台の根拠は、気遣いの実存論的な存在意味としての時間性である。

1155 歴史的な真理

歴史学の実存論的かつ歴史的な起源を具体的に記述する作業は、この歴史学という学問を構成している主題化について分析することで遂行される。歴史学的な主題化の主要な営みは、歴史的に実存している現存在が、かつてそこに現に既往していた現存在を反復しつつ開示しようと決断するときに開かれる解釈学的な状況を作りだすことにある。歴史的な実存の本来的な開示性、すなわち「真理」に基づいて、歴史学的な真理の可能性と構造を提示する必要がある。

しかし歴史学的な諸学の根本概念は、それぞれの学の客観についての概念であるか、そうした客観の取り扱い方についての概念であるかを問わず、すべて実存概念である

525

ので、精神科学の理論は、現存在の歴史性を主題とする実存論的な解釈を前提とするものである。W・ディルタイの研究活動は、こうした実存論的な解釈に接近することを不断の目標としている。さらにこの目標は、ヨルク・フォン・ヴァルテンブルク伯の理念によって、さらに鮮やかに解明される。

原注

＊1　歴史学的な理解の構成については、E・シュプランガー「理解の理論と精神科学的な心理学について」(『ヨハネス・フォルケルト七〇歳記念論文集』、一九一八年、三五七ページ以下）を参照されたい。

第七七節　歴史性の問題についてのこれまでの考察の提示と、ディルタイの研究およびヨルク伯の理念との関連

1156

ディルタイとヨルク伯の仕事

これまでわたしたちは歴史の問題に取り組んできたのだが、その際に遂行された解釈的な解明は、ディルタイの仕事をわがものとしようとする作業のうちで生まれてきたものである。こうした解明はさらに、ヨルク伯がディルタイに宛てた書簡のうちに

散見されるテーゼによって確認され、同時に裏づけられた。[*1]

1157 **通俗的なディルタイ像**

今日広まっているディルタイ像は、次のようなものである。すなわちディルタイは精神史、とくに文学史の「繊細な」解釈者であり、「その他にも」自然科学と精神科学の領域の画定にも力を注いでいるが、その際にこれらの学の歴史と「心理学」にも卓越した役割を認めたが、それらの全体を、相対主義的な「生の哲学」のうちにぼかしてしまった、というのである。皮相的な観察者の目からみると、この描写は「正しい」ものに思えるだろう。しかしそれはディルタイの「真相」を見逃している。ディルタイの真相を述べるよりも、それを隠蔽しているのである。

1158 **ディルタイの目指すもの**

図式的には、ディルタイの研究活動は三つの領域に分かれている。第一は、精神科

526

学の理論と、精神科学と自然科学の領域の境界設定に関する研究である。第二は、人間、社会、国家についての学問の歴史に関する研究である。第三は、心理学のための探求であり、ディルタイはこの探求において「人間という事実の全体」を記述しようとしているのである。学問論、学問史、および解釈学的で心理学的な探求というこれらの三つの領域の研究活動は、たがいに不断に交差し、浸透しあっている。ある視点が優勢であるときにも、他の二つの視点がすでに動因となり、手段となって働いている。

一見すると分裂しているようにみえるものも、そして不確かで偶然的な「試論」にみえるものも、根本的にただ一つの目標を目指した基本的な〈休みのなさ〉の結果なのである。その目標とは、「生」を哲学的に了解すること、そして「生そのもの」からのこのような理解に、解釈学的な土台を確保することである。

このようにすべては「心理学」を中心に動いているが、ディルタイによるとこの「心理学」とは、「生」をその歴史的な発展と相互作用の関連において、人間の存在するありかたにおいて、しかも精神科学の対象でありうると同時に、精神科学の根幹として理解しようとするものである。解釈学とは、この理解をそれみずからにおいて解明する営みであり、それが歴史学の方法論となるのは、派生的な形式においてにすぎないのである。

1159　ディルタイの研究方向

同時代の人々の議論では、ディルタイの精神科学の根拠づけのための研究を、一面的に学問論の領域に押しこめてしまっているのであり、ディルタイ自身もこれを考慮して、むしろしばしばこの方向に沿って、研究を発表してきた。しかし彼の「心理学」は「たんに」、心的なものについての実証的な学問の改良を目指したものではないし、「精神科学の論理学」は彼の関心の中心を占めるものではなかったのである。

1160　ヨルク伯の中心思想

ディルタイは、友人のヨルク伯と書簡のやり取りをしているが、ヨルク伯がある書簡で「歴史性を理解しようとするわたしたちに共通の関心」（強調は引用者）と述べて、

527

ディルタイの哲学的な志向をきわめて明確に表現したのだった。[*2] ディルタイの研究は、やっとその全貌をうかがえるようになってきたが、それを体得するためには、根気強く、具体的に、根底からその理論と取り組む必要がある。わたしたちには、ディルタイを動かしていた問題が何であったか、そうした問題がディルタイをどのように動かしていたかについて、詳しく考察する余裕はない。[*3] その代わりに書簡から特徴的な箇所を抜粋することで、ヨルク伯のいくつかの中心的な理念の性格を、とりあえず確認しておこう。

1161　ヨルク伯によるディルタイ批判

ディルタイの問題設定と研究との交流のうちで生き生きと述べられたヨルク伯の思考の傾向は、とくに基礎的な学問分野である分析的な心理学の課題について表明された見解のうちに示されている。ディルタイのアカデミー講演の論文「記述的で分析的な心理学の構想」（一八九四年）について、ヨルク伯は書簡で次のように述べている。「自己の省察が第一義的な認識手段であることと、分析が第一義的な認識手続きであることは、明確に確認されています。またこれに基づいていくつかの命題が定式化されていますし、その正しさは独自の考察の結果によって検証されています。しかし構成的な心理学とその仮説を批判的に解消し、説明し、それを内側から反駁するところまでは進んでいません」(『往復書簡集』、一七七ページ)。

「あなたが仮説を批判的に解消することを避けられたのは、すなわち心理学的な発生場所を細部にわたって詳細に証明することを避けられたのは、わたしにはあなたが認識論に割り当てておられる概念と立場と結びつきがあるように思われます」(同)。

「それら［構成的心理学とその仮説］が適用できないことは、事実として指摘され、明確になっていますが、そのことを説明することができるのは、認識論だけなのです。認識論には、学問的な方法が適切なものであることを釈明する必要がありますし、方法論を基礎づける責任があります。ところが今の状態では、さまざまな方法が個々の領域から、あえて言えば偶然に任せて、取り出されてしまっているのです」(同、一七九ページ以下)。

1162

ヨルク伯の要求

528

ヨルク伯がここで示した要求は、根本的には、論理学がさまざまな学問を先導し、それを導くべきであるというものであり、プラトンやアリストテレスの論理学は実際にそのような役割をはたしていたのである。この要求のうちには、自然として存在する存在者と、歴史として存在する存在者（現存在）は、異なるカテゴリー構造をそなえているのであり、こうしたカテゴリー構造を積極的に、そして徹底的に取り出すべきであるという課題が含まれている。

ヨルク伯は、ディルタイの探求は「存在者的なものと歴史的なものの類的な差異を、あまりに強調しなさすぎる」と考えている（同、一九一ページ。強調は引用者）。「とくに精神科学の方法として、比較があげられていますが、わたしはこれには賛成できません。（中略）比較とはつねに感性的なものであり、つねに形態にかかわるものなのです。ヴィンデルバントは歴史にさまざまな形態を割り当てました。あなたの類型の概念は、それと比較するとはるかに内的なものです。そこで扱われるのは性格であり、形態ではありません。ヴィンデルバントにとっては歴史とは、形象の系列であり、個別の形態の系列であり、美的な要求なのです。自然科学者からみますと、科学でないものは、人間のある種の鎮静剤のようなものにすぎず、感性的な享受の対象にすぎないのです。ところがあなたの歴史の概念は、力が結合したもの、力が統一されたものとみなすものであり、こうしたものに形態というカテゴリーを適用するのは、ただ比喩的な形でしか認められないと思います」(一九三ページ)。

1163　存在者的なものと歴史的なものの差異

ヨルク伯は「存在者的なものと歴史的なものの差異」を見分ける確実な本能をそなえているので、伝統的な歴史研究が今なお、物体的なものや形態をもつものを目指した「純粋に視覚的な規定」(一九二ページ)にいかに強くとらわれているかを、鋭く見抜いているのである。

529

1164

歴史学派批判

「ランケは巨大な視覚的な装置のようなもので、この装置では、ひとたび姿を消したものを現実にすることはできません。ランケが考察する歴史の素材が政治的なものに限定されているのは、ランケのやりかたの全体から説明することができます。政治的なものだけが劇的なものだからです」（六〇ページ）。「時間の経過がもたらしたさまざまな変様は、わたしには本質的なものではないと思われますので、わたしはあなたとは別の評価をするでしょう。というのは、たとえばいわゆる歴史学派ですが、これはいわば同じ川床を流れる支流の一つにすぎません。古くから存在している対立関係の片方の項を代表するものにすぎないのです。歴史学派という名前はいささか人を欺くものです。この学派はまったく歴史学派ではありませんでした（強調は引用者）。この支流は好古的な学派で、美的な構成を採用していたのですが、主流となる運動は、力学的な構成の運動であったのです。ですから歴史学派が合理性を重視する方法に方法論的につけ加えたのは、たんなる全体感情だけだったのです」（六八〜

六九ページ）。

1165　歴史の精神との交流

「〔『プラトン哲学の歴史と体系』のカール・フリードリヒ・ヘルマンのような〕真の文献学者とはこうして、歴史学のことを骨董品の入った箱のように考えているものなのです。こうした学者たちは、手で触ることのできるものがないところ、すなわち生き生きとした心的な転移だけが導いてくれるようなところには、足を踏みいれないのです。というのも彼らは心のもっとも深いところでは自然科学者であって、そこでは実験ができないためになおさら懐疑的になるのです。たとえばプラトンがマグナ・グレキアやシュラクサイを何度訪れたことがあるかというような瑣末な問題には、まったくかかわるべきではないのです。そこにはいかなる生命も宿っていないからです。わたしがここで批判的に点検したこうした外面的なやり方では、結局のところは大きな疑問に直面して、ホメロスやプラトンや新約聖書のような偉大な実在物にぶつかると、崩壊してしまうのです。本当の意味で実在的なものはすべてそれが〈物自体〉とみなされるだけで、実際に体験されないならば、影法師になってしまうのです」（六一ページ）。

「〈科学者〉たちが時代の威力に向き合う態度をみていますと、フランス革命の時代に、洗練された社交界が、当時の革命運動に示した態度を思いだします。どちらにも形式主義と形式の崇拝だけがあったのです。節度をもつこと、それが智恵の最後の言葉とされているのです。わたしにはもちろんこうした考え方にも、まだ書かれていないとしてもそれなりの歴史があると思われます。思考に地盤が欠けているのです。こうした思考は、認識論的にみると形而上学的な態度なのですが、こうした思考を信奉することにも地盤が欠けているのです。そしてこれは歴史的な産物なのです」（三九ページ）。

「四百年以上も前に、ある並外れた原理が示されて、新しい時代が開かれました。この原理はさまざまな波動をもたらしましたが、今では極端にまで広がって、平板なものになってしまったようです。認識が進歩した結果、ついに認識そのものが止揚されるにいたったのです。人間は自分自身からあまりに離れてしまって、自分が見えなくなってしまったようです。〈近代的な人間〉、すなわちルネサンス以来の人間は、も

530

う埋葬されるときが来ています」（八三ページ）。

これにたいして「本当に生命力のある歴史学、そしてたんに生を描写するだけではない歴史学は、批判的なものなのです」（一九ページ）。「しかし歴史の認識とは、その最善の形では、その源泉が隠されたままになっているものの認識なのです」（一〇九ページ）。「歴史においては、目覚ましい出来事や人目を引くものは、主要な問題ではありません。本質的なもの一般が不可視のものであるように、ものごとの核心は目に見えないものなのです。〈お前たちが静かにしているならば、力がある〉と言われますが、それをこう言い換えることもできるのです。〈お前たちが静かにしているならば、お前たちは聴くだろう、そして理解するだろう〉と[1]」（二六ページ）。「こうしてわたしは静かな自己の対話を楽しみ、歴史の精神との交流を楽しんでいます。この精神（ガイスト）は、書斎にいたファウストには現れませんでしたし、巨匠ゲーテにも現れませんでした。この精神がどれほど厳粛に、そして感動的に現れたとしても、ゲーテもファウストもそれに怯えて逃げるようなことはなかったでしょう。その姿は、もっと別の深い意味で同胞的で、親しみのあるものであり、野原や藪に住む者とは違うからです。これを求める苦労は、ヤコブの［天使との］格闘に似たところがありま

す。格闘することで、格闘する者そのものに確実な報酬が与えられるのです。そして
これが何よりも大切なことなのです」[2]（一三三ページ）。

1166　歴史哲学とは

ヨルク伯は、歴史の根本性格が、「潜勢力」にあることを明瞭に洞察しているが、
彼はこの洞察を、人間という現存在自身の存在性格の認識からとらえたのであり、歴史的な考察の対象において、学問的に獲得したのではない。「心的および身体的な所与の全体は、存在しているのではなく（ここで存在しているということは、自然の眼前的な存在のありかたを指している。引用者による注）、生きているのです。これが歴史性が生まれる端緒です。そして抽象的な自我ではなく、わたしの自己の豊かな内容をみずから省察するならば、わたしは自分が歴史的に規定されていることに気づくでしょう。それは物理学のまなざしでは、わたしが宇宙的に規定されているのを認識するのと同じことです。わたしは自然であると同時に、まったく歴史的なのです」（七一ページ）。
そしてヨルクはあらゆるまがいものの「関係規定」や「地盤を欠いた」相対主義を

見抜いた後に、躊躇することなく、現存在の歴史性についての洞察に基づいて、その最後の帰結を取り出している。「他方では、自己意識の内的な歴史性を考えてみれば、歴史学から分離された体系構成は、方法論的に不適切なのです。生理学が物理学を無視することができないように、哲学は歴史性を無視することができないのですし、批判的な哲学であれば、なおさらのことです。（中略）みずから態度を決定することと 531 歴史性の関係は、呼吸と大気圧の関係のようなものです。いくらか逆説的に聞こえるかもしれせんが、哲学することを歴史化しないのは、方法論的にみると、形而上学の残滓だと思えるのです」（六九ページ）。

「哲学することは生きることと同じですから、驚かないでいただきたいのですが、わたしには歴史の哲学というものがあると思われるのです。それを誰かが書けるとよいのですが。これはたしかに、これまで考えられ、試みられてきたような歴史哲学のことではありません。これまでの歴史哲学が不適切なものであることについては、あなたが反駁の余地のない形で説明しておられます。それというのも、これまでの問題設定は間違っていた、というよりも実行できないものだったからです。そしてこれが唯一の問題設定ではないのです。またそれだからこそ、真の哲学であって、歴史学的

402

でないものはないのです。体系的な哲学を歴史学的な記述から分離してしまうのは、本質的に間違ったことなのです」（二五一ページ）。

「実践的になりうるということは、もちろんすべての学問にほんらい認められた権利であり、根拠です。しかし数学的な実践だけが実践であるわけではありません。わたしたちの観点からみると、実践の目的はもっとも広く、もっとも深い意味で、教育的なものです。これがあらゆる真なる哲学の魂であり、プラトンとアリストテレスにとっての真理だったのです」（四二〜四三ページ）。

「わたしが学問としての倫理学の可能性についてどのように考えているかは、すでにご存じのとおりです。それでもつねに改善することはできるものです。そもそもこうした倫理学の書物は、誰のためにあるというのでしょうか。目録の目録集にすぎないではないですか。ただ一つ注目に値するのは、物理学から倫理学に向かおうとする衝動だけです」（七三ページ）。

「哲学を生の顕現として把握するならば、そして哲学をいかなる地盤もないところで行われた思索の披露だと考えるのをやめるならば──こうした思索が地盤を欠いたものにみえるのは、わたしたちのまなざしが意識の地盤から外れるからです──、哲学の課題も成果も簡略なものとなるのです。ただしこの成果を獲得するのが、錯綜した厄介な営みであるだけです。先入観にとらわれないことが前提条件ですが、この前提条件を獲得することがそもそも難しいのです」（二五〇ページ）。

1167 逆説と良心

532

ヨルク伯がみずから進んだ道は、歴史学的なものを存在者的なもの（視覚的なもの）と対比して、歴史学的なもののカテゴリー的な構造を捉えようとすることであり、「生」にふさわしい学問的な了解をもたらすことだった。このことは、彼がこうした探求の困難さを指摘していることからも明らかである。彼によると美的で機械論的な思考方法は、「直観の背後にさかのぼっていく分析と比較すると、言語的な表現をみいだしやすいものです。それは言語が視覚性に由来するところが多いことから説明できます。（中略）これにたいして生き生きとした生命の根底にまでつき進んでゆく営みは、大衆向けの記述にはそぐわないものです。そしてすべての術語は、一般に理解できるものでなくなり、象徴的なものになるのは避けがたいのです。哲学における思考が特別な様式のものであるからこそ、哲学の言語もまた特殊なものになるのです」（七〇〜七一ページ）。

「わたしが逆説を好んでいることは、あなたもご存じでしょう。弁明させていただくと、それは逆説こそが真理のしるしなのであり、通説（コムニス・オピニオ）は真理のうちのどこにも存在せず、何でも一般化してしまう一知半解なものが物質的に沈殿したものにすぎないからです。こうした通説と真理の関係は、稲妻が落ちた後に残していく硫黄の蒸気と稲妻の関係に似たものなのです。真理は決して原素（エレメント）のような物質ではないのです。国家の教育的な課題は、このような物質的な世論を打破して、できるかぎり見ることと注視することの個体性を形成できるようにすることにあるでしょう。そうすれば、いわゆる公共的な良心の代わりに、こうした根本的な外面化に代わって、個人の良心が、すなわちほんとうの良心がふたたび力をえるようになるでしょう」（二四九〜二五〇ページ）。

1168 存在論的な三つの洞察

歴史性を理解しようとする関心を抱くことによって、「存在者的なものと歴史学的なものの類的な差異」を取り出すという課題に直面するようになる。こうして、「生の哲学」の基本的な目標が確立されたのである。しかしこの問題設定は同時に、原理的に徹底的なものとする必要がある。もしも歴史性を存在者的なものとの違いとして哲学的に把握すべきであり、「カテゴリー的に」理解すべきであるとしたら、まず「存在者的なもの」と「歴史学的なもの」を根源的な統一へともたらし、そこからこの二つを比較する視点の可能性と、この二つを区別する可能性とを取り出すしかないではないか。

それが可能であるためには、次の三つの洞察が必要である。第一に、歴史性への問いは、歴史的な存在者の存在機構について問う存在論的な問いであること、第二に、存在者的なものへの問いは、現存在でない存在者、すなわちもっとも広義の眼前的な存在者の存在機構について問う存在論的な問いであること、第三に、存在者的なものは、存在するものの一つの領域にすぎないことを確認すること、である。存在の理念は、「存在者的なもの」と「歴史学的なもの」の双方を含むのである。この理念にこそ、「類的な差異」を適用する必要がある。

1169　基礎存在論の課題

ヨルク伯が歴史的でない存在者を、端的に〈存在者的なもの〉と呼んでいるのは偶然ではない。これは、伝統的な存在論の支配が今なお打破されていないことを反映したものにすぎない。伝統的な存在論は、存在への古代的な問題設定から生まれたものであり、これによって存在論的な問題構成が原理的に狭められているのである。

存在者的なものと歴史学的なものの差異の問題を、研究の課題となる問題として詳細に考察してゆくことができるためには、存在一般の意味への問いを基礎存在論的に解明することによって、あらかじめ導きの糸を確保しておく必要がある。[*4] 現存在についてのわたしたちの予備的な実存論的かつ時間的な分析論は、ヨルク伯のこうした精神を育むことで、ディルタイの仕事に役立てようと決意しているのであるが、それがどのような意味においてであるかが、これによって明らかになるだろう。

原注

＊1　『ヴィルヘルム・ディルタイとパウル・ヨルク・フォン・ヴァルテンブルク伯の往復書簡集　一八七七年〜一八九七年』（ハレ・アン・デア・ザーレ、一九二三年）を参照されたい。

＊2　同、一八五ページ。

＊3　これについては、ゲオルク・ミッシュがディルタイの中心的な傾向に具体的に焦点を合わせた論考を発表しているので、これ以上の詳論は省くことができる。ディルタイの仕事を取り組むには、この論考は必読だろう。『ヴィルヘルム・ディルタイ全集』第五巻（一九二四年）の編者序言、七〜一一七ページを参照されたい。(3)

＊4　本書の第五節と第六節、一五ページ以下［第一分冊、七七ページ以下］を参照されたい。

訳注

（1）「イザヤ書」第三〇章一五節。新共同訳では神が次のように語ったとされている。「お前たちは、立ち帰って／静かにしているならば救われる。／安らかに信頼していることにこそ力がある」。

（2）『創世記』によると、ヤコブは闇のなかで神と格闘した。ヤコブが格闘に勝ったので、神は「もう去らせてくれ、夜が明けてしまうから」とたのんだ。ヤコブは「祝福してくださるまでは離しません」と拒んだ。そして神はヤコブの名前を尋ねた後、「お前の名はもうヤコブではなく、これからはイスラエルと呼ばれる。お前は神と人と闘って勝ったからだ」と祝福した（『創世記』第三二章二七節〜二九節）。

（3）ミッシュは後にハイデガーのディルタイ理解を批判し、論争になった。これについては的場哲朗「ゲオルク・ミッシュのハイデガー批判」（『理想』六六六号）を参照されたい。

534

第六章　時間性と、通俗的な時間概念の起源としての時間内部性

第七八節　これまでの現存在の時間的な分析の欠陥

1170

現存在にとっての時間

わたしたちはこれまで、時間性が現存在の存在を構成していること、そしてそれがどのように構成しているかを証明するために、実存の存在機構としての歴史性が、「根本において」時間性であることを示してきた。しかしこのように歴史の時間的な性格を解釈するさいに、わたしたちはすべての生起が「時間のなかで」起こるものであるという「実際のありかた」を考慮してこなかった。

日常的な現存在の了解においては、事実的にすべての歴史を「時間内部的な」生起としてしか識別しないのであり、歴史性の実存論的で時間的な分析においては、この

ような日常的な現存在の了解に、発言の機会が与えられることはなかったのである。しかし現存在の実存論的な分析論の目的は、現存在をその事実性において、存在論的に見通しのよいものにすることにあるのだから、このような歴史の事実的な「存在者的で時間的な」解釈にも、それにふさわしい権利があることを、明示的に承認しておかなければならない。

それだけでなく、歴史のほかに自然現象もまた「時間によって」規定されているのであるから、現存在が「そのなかで」存在者に出会う時間についても、これを原理的に解釈することは、いっそう必要なことである。

歴史や自然についての諸学には「時間的な要因」が存在しているのであるが、こうした事情よりもさらに基本的に重要なことがある。それはこのような主題的な研究が行われる前から、現存在がすでに「時間を計算にいれて」いること、そして時間に合わせて生活しているという事実である。

そしてこれについても、現存在が「自分の時間を計算にいれている」ことが決定的に重要なのであって、それは時間を規定するために作られた測定道具のあらゆる使用に先立つものなのである。時間の測定道具の使用に先立って、現存在が「自分の時間を計算にいれている」ことがあって初めて、時計のようなものを使用することができるようになる。

1171　時間をかけたり、かけなかったりする現存在

事実的に実存している現存在は、そのつど「時間があったり」あるいは「時間がなかったり」している。現存在は何かに「時間をかけたり」あるいは「時間をかけていられなかったり」する。現存在はなぜ「時間」をかけたり時間を「失ったり」することができるのだろうか。その時間をいったいどこから取ってくるというのだろうか。この時間は、現存在の時間性とどのような関係にあるのだろうか。

1172　これまでの分析の原理的な欠陥

事実的な現存在は、時間性について実存論的に理解することなしに、時間を計算に入れている。時間を計算にいれるというのが、現存在の基本的な態度なのであり、こ

れを理解するためには、存在者が「時間のなかにある」というのはどのようなことかという問いを解明する必要がある。現存在のすべての態度は、その存在から、すなわち時間性から解釈しなければならない。そこで重要なのは、時間性としての現存在は、時間を計算にいれるという、そのようなありかたで時間にかかわる態度を、どのようにして時熟させるのかを示すことである。

こうしてみると、わたしたちがこれまで時間性に試みてきた性格づけは、この時間性という現象のすべての次元を考察していなかったという意味で、そもそも不完全なものであったのだが、それだけではなく、さらに原理的な欠陥をそなえていたことが明らかになる。というのも、時間性そのものには、世界の実存論的かつ時間的な概念という厳密な意味での〈世界時間〉というものが属しているからである。

どうしてそのようなことが可能なのか、またどうしてそのことが必然的なのかを了解する必要がある。これによって存在者が「そのなかで」現れる通俗的な意味での「時間」が解明され、それと同時にこの存在者の時間内部性も解明されることになるだろう。

1173 通俗的な時間概念の起源

自分に時間をかけている日常的な現存在がさしあたり時間に注目するのは、世界内部的に出会う手元的な存在者や眼前的な存在者についてである。このようにして「経験された」時間は、もっとも身近な存在了解の地平で理解されており、この時間そのものも、ある種の眼前的な存在者として理解されているのである。

通俗的な時間概念がどのようにして形成されるのか、またなぜ形成されるのかという問いは、時間を配慮的に気遣いつつある現存在の時間的に基礎づけられた存在機構に基づいて解明する必要がある。通俗的な時間概念が形成されたのは、根源的な時間が平板化されたからである。通俗的な時間概念にこうした起源があることが証明されれば、これまで時間性を解釈して、それを根源的な時間とみなしたことが、正当なことであったことになる。

1174 ヘーゲルの時間解釈との違い

通俗的な時間概念が形成される過程を調べてみると、時間に「主観的な」性格を認めるべきか、それとも「客観的な」性格を認めるべきかということで、揺れがあったことが注目される。時間がそれ自体で存在するものとみなされる場合にも、時間は優先的に人間の「心」に割り当てられているのである。逆に時間に「意識にふさわしい」性格が与えられる場合にも、時間は「客観的に」機能するものとされている。

536

ヘーゲルの時間解釈においては、この二つの可能性はある意味で止揚されている。ヘーゲルは「時間」と「精神」の連関を規定することで、精神が歴史として「時間のなかに落ち込む」理由を明らかにしようとした。わたしたちはこれまで、現存在の時間性について、そしてこの時間性には世界時間が所属することについて解釈してきたが、結論としてはわたしたちの解釈はヘーゲルの解釈と一致するようにみえる。

しかしわたしたちの時間解釈は、その出発点からして、すでに原則的にヘーゲルの解釈と異なるものであり、さらにその目標、すなわち基礎存在論的な意図においては、ヘーゲルと対立した方向を目指しているのである。そこで、ここでヘーゲルが時間と精神の関係をどのように考えているかを簡単に記述しておくことは、現存在の時間性、世界時間、通俗的な時間概念の起源についてのわたしたちの実存論的かつ存在論的な解釈を間接的な形でさらに明確にし、暫定的に締めくくるのに役立つことだろう。

1175　この章の構成

時間には「存在」がそなわっているのか、またどのようにしてそうした存在がそなわっているのか、わたしたちが時間を「存在するもの」と呼ぶのはなぜなのか、またどのような意味でそう呼ぶのかという問いに答えるためには、時間性そのものが、その時熟の全体において、どのようにして存在了解や、存在者について語ることを可能にするのかということを示す必要がある。

そこでこの章は次のように構成されることになる。現存在の時間性と時間についての配慮的な気遣い（第七九節）、配慮的に気遣われた時間と時間内部性（第八〇節）、時間内部性と通俗的な時間概念の発生（第八一節）、時間性、現存在、世界時間の実存論的かつ存在論的な連関を、時間と精神の関係についてのヘーゲルの見解と対比する試み（第八二節）、現存在の実存論的かつ時間的な分析論と、存在一般の意味への基礎存在論的な問い（第八三節）。

537

第七九節　現存在の時間性と時間についての配慮的な気遣い

1176　現存在の自己についての語り

現存在は、みずからの存在においてこの存在そのものが問われるような存在者として実存する。現存在はその本質からしてみずからに先立っているので、たんに事後的にみずからについて考察する前から、すでにみずからの存在可能へと向かって投企している。そしてこの投企のうちで、現存在は被投的なものであることがあらわになっている。被投されて「世界」に委ねられた現存在は、配慮的に気遣いながら世界に頽落している。

現存在は気遣いとして、頽落しながら被投的な投企という統一において実存する存在者として、すでに〈そこに現に〉として開示されている。現存在は他者たちとともに共同存在しながら、何らかの平均的な解釈のうちに身を置いており、この解釈されたありかたは語りにおいて分節され、言語によって語りだされている。世界内存在はみずからをすでにつねに語りだしているのであり、世界内部的に出会う存在者のもとでの存在として、配慮的に気遣われたものそのものに語りかけ、それについて語ることにおいて、みずからを不断に語りだしているのである。

目配りによって理解するこの配慮的な気遣いは、時間性を根拠とするものであり、予期的に保持しながら現在化するという時間性の様態を根拠とする。配慮的な気遣いによって計算し、企画し、用意し、予防する働きにおいて、目配りによって理解する配慮的な気遣いは、語られた言葉として聞こえるかどうかは別として、〈「そのときは」こうしよう〉とか、あれをなすべきだが、〈「その前に」これを片付けておこう〉とか、〈「かつては」失敗したことを今度は失敗しないように、「今は」うまくやろう〉などと、つねにすでに語っているのである。

1177

配慮的な気遣いの三つの時間的な地平

配慮的な気遣いはそのように、「そのときは」においては予期しながら、「かつては」においては保持しながら、「今は」においては現在化しながら、みずからについて語りだしている。ところが「そのときは」には、多くは暗黙のうちに「今はまだない」ということが、すなわち予期しながら保持しつつ、もしくは予期しながら忘却しつつ、現在化ということがひそんでいるのである。また「かつては」にはまた、「今はもうない」ということがひそんでいる。「かつては」によって、保持がみずからを予期的な現前として語りだしているのである。

このように「そのときは」も「かつては」も、ともに「今」という観点から理解されているのであり、現在化の働きが固有の重みをそなえているのである。ただしこの現在化もつねに、予期と保持との統一のうちで時熟するのであり、それは予期と保持が予期せざる忘却に変様していたとしても変わりはない。この予期せざる忘却という変様した様態においては、時間性は現在のうちに巻き込まれており、この現在が現在化しつつ、ひたすら「今こそ、今こそ」と語るのである。

ところで配慮的な気遣いがもっとも身近なものとして予期しているものは、「今すぐ」において呼び掛けられる。また配慮的な気遣いがさしあたり利用できるようになったか、喪失したものは、「今しがた」において呼び掛けられる。「かつては」においてみずからを語りだしていた保持に開かれている地平は、「以前には」であり、さまざまな「そのときは」において開かれる地平は、「以後は」（「将来は」）であり、さまざまな「今」にとっての地平は、「今日は」である。

1178　日付可能性

すべての「そのときは」は本来は「〜するそのときは」であり、すべての「かつては」は、「〜したかつては」であり、すべての「今」は、「〜する今は」である。このように「今は」「かつては」「そのときは」には、このように「「〜する」という行為にかかわる」関係構造がそなわっているのであり、これはいかにも自明なことのようにみえる。わたしたちはこれを日付可能性と呼ぶ。

しかしこの日付というものが、事実的に暦の「日付」を参照しているかどうかは、まだまったくかかわりのないものとみなす必要がある。こうした暦の「日付」がない場合にも、「今は」「そのときは」「かつては」は、多少なりとも規定された日付をそなえているのである。日付によって規定されていないときにも、日付可能性の構造が欠けているとか、偶然的であるということにはならないのである。

1179　時間という自明なもの

本質からしてこのような日付可能性をそなえているのはどのようなものだろうか、その根拠はどこにあるのだろうか。しかしこれほど無用な問いはないだろう。「〜する今は」とは、「周知のように」、一つの「時点」のことを意味している。「今」は時間なのだ。たしかにわたしたちは、「〜する今は」や「〜すべきそのときは」や「〜したかつては」を理解している。そしてこれらがある形で「時間」とかかわるものであることも理解している。これらは否定しがたいことである。

しかし「今」などがどういうものかが「自然に」理解されているからといって、これらが「時間」そのものであるとか、それがどうして可能であるのかとか、「時間」とは何を意味するのかということがすでに把握されているというわけではない。それどころか、わたしたちが「今は」とか「そのときは」とか「かつては」のようなものを、「わけもなく理解する」し、「自然な形で」それについて語っているということは、それほど自明なことなのだろうか。

　わたしたちはこの「〜する今は」をどこから持ってきたのだろうか。わたしたちはこうしたものを、世界内部的な存在者のうちに、すなわち眼前的な存在者のうちにみいだしたのだろうか。もちろんそのようなことはない。そもそもわたしたちはそれをどこかで〈みいだし〉たのだろうか。わたしたちはそのようなものを探したり、確認しようとあえてしたことがあるのだろうか。「いかなるときでも」わたしたちはこのようなものを明示的に引き受けたことはないのである。それにもかかわらずわたしたちはこうしたものを自由に使っており、たとえ言葉にして口頭で語ったことはないとしても、たえず使っているのである。

539

たとえば「寒い」というような言葉は、わたしたちが日々語っているごく些細な言葉の実例であるが、その言葉は同時に、「〜する今は」ということも意味している。

現存在は配慮的に気遣っているものについて語るときには、たいていは言葉にして口頭で語ることはないとしても、なぜ「〜する今は」とか「〜するそのときは」とか「〜したかつては」などの意味をこめて語っているのだろうか。それは、〈〜について〉解釈しながら語ることは、同時にみずからについて語るからである。すなわち手元的な存在者のもとで目配りしながら理解している存在、手元的な存在者を露呈させながら出会わせている存在が、みずからを語りだしているからである。それはまた、このようなみずからをともに解釈する語りや発言が、現在化する働きに依拠しているから、しかも現在化としてのみ可能だからである。*1

1180 時間が自明なものであるのは

予期しながら保持する現在化は、みずからについて解釈する。そしてこれが可能であるのは、この予期しながら保持する現在化が、それ自体において脱自的に開かれていて、みずからにたいしてそのつどすでに開示されているからであり、理解しながら語る解釈において、分節されうるものになっているからである。

時間性は、〈そこに現に〉が明るくされているありかたを脱自的かつ地平的に構成するものであるから、そのために時間性は根源的に〈そこに現に〉においてすでにつねに解釈可能であり、したがってそうしたものとして熟知されている。みずからを解釈しながら現在化することを、すなわち「今」において語りだされ、解釈されるものを、わたしたちは「時間」と名づける。これによって端的に告げられているのは、時間性は、脱自的に開かれたありかたで知られているということ、さしあたりたいていは、こうした配慮的な気遣いによる解釈においてのみ熟知されているということである。しかしこのように時間が「直接に」理解されて、知られているということは、根源的な時間性そのものが、そうした時間性としては認識されていないし、概念的にも把握されていないということ、さらに語りだされた時間の根源が、その根源的な時間性において時熟することが認識されていないし、概念的に把握されていないことを否定するものではない。

540

1181

時間性と現存在の脱自性

これらの「今は」「そのときは」「かつては」によって解釈されたものには、その本質からして日付可能性の構造がそなわっている。それはこのように解釈されたものが、みずからを解釈する時間性に由来するものであることを、もっとも基本的に証明するものとなる。わたしたちは「今は」と語りながらつねにすでに、そのことを語るまでもなく、「あれこれのことをする〜そのときは」ということを理解している。しかしそれはなぜだろうか。それは「今は」と語ることは、ある存在者についての現在化を解釈することだからである。「〜する今は」のうちに、現在の脱自的な性格がひそんでいる。「今は」「そのときは」「かつては」が日付可能であるということは、時間性の脱自的な機構を反映したものであり、それだからこそ語りだされた時間そのものにとっても、本質的なことなのである。

「今は」「そのときは」「かつては」の日付可能性の構造は、それらが時間性という共通の幹から生まれたものでありながら、それ自身もまた時間であることを証明するものである。「今は」「そのときは」「かつては」について解釈しながら語りだすことは、もっとも根源的な[1]意味で、時間を告知することである。そしてこの日付可能性とともに、主題とされずにそれと知られることなく理解されているのが、時間性の脱自的な統一である。このような脱自的な統一においては、そのつどすでに現存在が世界内存在であることが、みずからにおいて開示されているのである。そして世界内部的な存在者もまた同時に露呈されているので、解釈された時間もまた、〈そこに現に〉の開示性において出会われる存在者に基づいて、日付をそなえているのである。たとえば、〈ドアが叩かれている今は〉とか〈本が手元にない今は〉のようにである。

1182　地平の日付可能性

また「今は」「そのときは」「かつては」に属する地平は、脱自的な時間性という同一の根源に由来するものであるから、「～である今日は」「～である今後は」「～であった以前は」として、日付可能性という性格をそなえているのである。

1183　時間性の「伸び広がり」

予期は、「そのとき」においてみずからを理解しながら解釈し、同時にみずからを現在化として、すなわちみずから予期しているものをみずからの「今」に基づいたものとして理解するのであるから、「そのときは」という「告知」のうちには、すでに「そして今はまだない」ことが含まれている。

現在化する予期は、「それまで」を理解する。そして解釈はこの「それまで」を、つまり「まだ時間がある」を、それ、ま、で、の、あ、い、だ、は、として分節するが、これも同じように日付可能性の連関をそなえている。それは「〜がつづいているあいだ」において表現されている。配慮的な気遣いはこの「つづいているあいだ」を、さらに予期的に分節して、また新たな「そのとき」を告知することができる。「それまで」は、複数の「〜のときから〜のときまで」によって分割されるが、これらは最初の「そのときは」の予期的な投企のうちに、初めから「包括されていた」ものである。「〜がつづいているあいだ」の予期的で現在化的な理解とともに、その「そのあいだの持続」が分節される。この持続はさらに、時間性がみずからを解釈することのうちに明らかになる時間のことであり、この時間がそのつど「時間の間隔（シュパンネ）」として配慮的な気遣いのうちで非主題的な形で理解される。予期的で保持的な現在化はこのように伸びのある「つづいているあいだ」を「解」釈するのであるが、それはこれにともなってこの現在化がそれと気づかれないままに、歴史的な時間性の脱自的な伸び広がりとして、みずからに開示されるからである。

ここに、「告知された（ゲシュパント）」時間の別の特性が現れてくる。「つづいているあいだ」のうちに、間隔（シュパンネ）が置かれているだけではなく、「今は」「そのときは」「かつては」のどれにも、日付可能性の構造とともに、さまざまな間隔の幅（シュパンヴァイテ）を置いた伸び（ゲシュパントハイト）がそのつどそなわっているのである。「今は」とは休憩中とか食事中とかのことであり、夕方であったり、夏であったりする今のことである。「そのときは」とは朝食のとき、坂道を登るときなどのことである。

1184 〈穴だらけ〉の時間の分析

〈予期し保持し現在化している〉配慮的な気遣いは、さまざまな方法で時間を「自分で使って」おいて、配慮的に気遣いながら自分に時間を告知しているが、これはいかなる時間規定なしでも行われることであり、特殊な計算をする時間規定よりも先立って行われる。その場合には時間は、配慮的に気遣いながら〈自分で時間を使っていく〉というそのつどの様態において、そのつどまさに環境世界的に配慮的に気遣われ、情態的な理解において開示されているものに基づいて、すなわち人が「一日中」携わっていることに基づいて、日付が打たれるのである。

現存在が配慮的に気遣っているものごとに予期しながら没頭し、自分自身については予期することなく、忘却しているにつれて、現存在が自分に「残して」おく時間も、このような「残しておく」というありかたのために隠蔽されるに留まる。現存在が日常的な配慮的な気遣いのうちで「のんべんだらりと暮らす」生活では、自分が純然たる「今」の連続的に継起する交替に沿って走っていることを決して理解することがない。

現存在が自分に残しておく時間は、このような隠蔽のために、〈穴だらけ〉になっている。わたしたちは、自分が「費やした」時間のことを振り返ってみても、その「一日」をどう過ごしたか、もはや思いだせなくなっていることも多いのである。〈穴だらけ〉になったこうした時間にはまとまりがないが、それは時間がばらばらに寸断されているということではない。これはそのつどすでに開示されて、脱自的に伸び広げられた時間性の一つの様態なのである。

410

「残しておいた」時間が「経過する」ありさまや、配慮的な気遣いがそうした時間をみずからに多少とも明示的に告知する方法を、現象にふさわしい形で説明するには、まず連続した〈今の流れ〉がつづいているという理論的な「表象」を遠ざけておく必要がある。また他方では、現存在が自分に時間を与え、時間を残しておくには、さまざまなやりかたがありうるが、第一義的には何よりも現存在はそのときどきの実存にふさわしい形で、どのように自分の時間を「もって」いるのかという観点から規定する必要があることを把握する必要がある。

542

1185

決断した人と決断しない人

わたしたちはすでに、本来的な実存と非本来的な実存について、それを基礎づける時間性の時熟のさまざまな様態に基づいて、その特徴を確認しておいた。それによると、非本来的な実存の不決断は、予期することなく忘却する現在化という様態において時熟するのだった。決断しない人は、こうした現在化のうちで出会い、次々と押し寄せてくる身近な出来事や偶発事に基づいて、自分を理解するのである。

決断しない人は、配慮的に気遣われたものごとにせわしなくみずからを喪失しつつ、そのことで自分の時間を失っているのである。そこから、「わたしには時間がない」というこうした人に特徴的な話しかたが生まれる。このように非本来的に実存する人は、たえず時間を失っていて、決して時間を「もつ」ことがない。これにたいして本来的な実存の時間性の卓越した特徴は、決意性において決して時間を失うことがなく、「つねに時間の余裕がある」ことにある。というのは、決意性の時間性は、その現在においてつねに瞬視という性格をそなえているからである。

瞬視が状況を本来的に現在化するときには、みずからそれを主導するのではなく、既往しつつある将来のうちに保たれているのである。瞬視的な実存は、自己の本来的で歴史的に不断に自己であることという意味で、宿命的に全体的な〈伸び広がり〉として時熟するのである。このような時間的な実存は、状況が要求してくるものにそなえて、「不断に」時間を手にしている。そして決意性は、〈そこに現に〉をこのような形で状況としてのみ開示する。そこで決意した人が、開示されたものに、決断しないままに自分の時間を奪われるような形で出会うことは、決してないのである。

1186 現存在が時間をもてるのは

543

事実的に被投されている現存在が、自分のために時間を「かけたり」、失ったりすることができるのは、脱自的に伸び広がった時間性としての現存在に、その時間性に基づいて〈そこに現に〉が開示されているからであり、それとともに何らかの「時間」が授けられているからにほかならない。

1187　共同存在における公共的な時間

現存在は開示されたものとして、事実的には他者とともに共同存在するありかたで実存している。現存在は、公共的で平均的な常識のうちに身を置いている。日常的な共同相互存在において解釈され、語りだされる「〜する今は」とか「〜するそのときは」などの言葉は、ある程度までしか明確に日付が定められていないとしても、原則的に理解されている。「もっとも身近な」共同相互存在のうちで、複数の人々が「口々に」「今」と言いながらも、各人が口にしたその〈今〉に異なる日付がつけられていることもある。同じように〈今〉と言っていても、その〈今〉というのは、あれこれのことが起きているその時点のことなのである。このようにして口にされる〈今〉は、各人によって、相互的な世界内存在の公共性のうちで語られているのである。

したがってそれぞれの現存在の解釈され、語りだされた時間は、その脱自的な世界内存在に基づいて、そのつどすでに公共的なものとなっていたのである。そして日常的な配慮的な気遣いが、配慮的に気遣われた「世界」のほうから自己を理解するかぎり、配慮的な気遣いはそれが自分にかける「時間」を、自分の時間として識別していないのであり、自然にある時間、そしてひとが計算にいれている時間を、配慮的に気遣いながら食い物にして利用し尽くすのである。しかし「時間」のこうした公共性は、事実的な現存在がことさらに時間を計算にいれて、明示的に配慮的に気遣うようになればなるほどに、ますます強力なものとなる。

原注

＊1　本書、第三三節、一五三ページ以下［第四分冊、九七ページ以下］を参照されたい。

訳注

（1）【欄外書き込み】本文の「根源的な」のところの欄外に、「ごく身近な」と書き込まれている。

第八〇節　配慮的に気遣われた時間と時間内部性

1188

公共的な時間の現象的な性格

とりあえず理解しておく必要があったのは、時間性に基づいている現存在が、実存しながらどのように時間を配慮的に気遣っているのか、解釈しつつある配慮的な気遣いにおいて、時間が世界内存在にとって、どのような形で公共的なものとなるのかということである。そのさいに、語りだされた公共的な時間がどのような意味で「存在する」のか、そうした時間をそもそも存在するものとみなすことができるのかどうかは、まったく未規定なままになっていた。ここでは、公共的な時間が「やはり主観的なものにすぎない」のか、それとも「客観的な現実的なもの」なのか、あるいはそのどちらでもないのかについて決定する前に、公共的な時間の現象的な性格を、さらに明確に規定しておく必要がある。

1189　時間が公共的なものとなる理由

時間は公共的なものとなっているが、それは事後的に、またときとして起こるもの 544 ではない。むしろ現存在が脱自的で時間的なものとしてそのつどすでに開示されて存在しているからこそ、そして実存には理解する解釈というものがそなわっているからこそ、配慮的な気遣いのうちで時間はいちはやく公共的なものとなっているのである。ひとはこうした公共的な時間に合わせて生活しているのであり、何らかの形で誰にでも時間は眼の前にみいだされるものとならざるをえないのである。

1190　時間計算の意味

時間に配慮的な気遣いをするということは、環境世界のさまざまな出来事に基づいて、日付をそなえるという特徴的なやりかたで行われうる。ただしこのことは根本的に、わたしたちが天文学的および暦法的な時間計算と呼ぶことができる時間の配慮的な気遣いの地平において、すでにつねに行われているものなのである。

この時間計算は偶然に登場したものではなく、気遣いとしての現存在の根本機構のうちに、実存論的かつ存在論的に必然的なものとして登場したのである。現存在はその本質からして被投され、頽落して実存しているために、現存在は自分の時間を、時間計算というありかたで、配慮的に気遣いながら解釈する。この時間計算のうちで、時間の「本来的な」公共化が時熟する。そのため現存在の被投性こそが、時間が公共的なものとして「与えられている」ことの根拠であると言わねばならない。

公共的な時間の起源は、事実的な時間性に基づくものであるが、そのことを証明するには、配慮的な気遣いの時間性において解釈された時間一般を性格づけておく必要がある。この作業が必要なのは、時間についての配慮的な気遣いの本質は、日付を打つさいに、数量的な規定を適用することではないことだけでも明確にしておくためである。実存論的かつ存在論的にみると、時間計算において決定的に重要なのが、時間を数量化することだと考えてはならない。時間計算はさらに根源的に、時間を計算にいれる現存在の時間性に基づいて把握しなければならない。

1191 時間内部的な存在者

「公共的な時間」とは、世界内部的な手元的な存在者や眼前的な存在者が、「そのなかで」出会うその時間のことである。そのため、現存在ではないこうした存在者を、時間内部的な存在者と呼ぶ必要がある。これらの存在者の時間内部性を解釈することで、「公共的な時間」の本質をさらに根源的に洞察できるようになり、同時にそれらの「存在」の限界を画定できるようになる。

1192 〈見ることの可能性〉

545

現存在の存在は気遣いである。この存在者は被投的なものとして、頽落しつつ実存している。現存在は、みずからの事実的な〈そこに現に〉とともに露呈されている「世界」に委ねられていて、配慮的に気遣いながら、この世界に依存している。このようにして現存在はみずからの世界内での存在可能を予期しているのであるが、こうした存在可能を〈その目的として（ウムヴィレン）〉、最終的には傑出した適材適所性をそなえているものを「計算」にいれ、それを頼りにしているという形で、それを予期しているのである。

日常的に見ることで目配りする世界内存在は、眼前的な存在者の内部で、手元的な存在者と配慮的に気遣いながら交渉するために、ある明るさが必要なのであり、それを与えるのが見ることの可能性である。現存在には、みずからの世界の事実的な開示性とともに、自然が露呈されている。現存在はその被投性において、昼と夜の交替に委ねられている。昼はその明るさによって見ることの可能性を与え、夜はこの可能性を奪うのである。

1193　太陽の位置

このように現存在は、目配りする配慮的な気遣いによって、〈見ること〉の可能性を予期しながら、みずからの日々の仕事に基づいて自己を理解しつつ、「夜が明けたら、そのときは」と語りつつ、みずからにその時間を与えるのである。ここで配慮的に気遣われている「そのとき」は、もっとも身近な環境世界的な適材適所性の連関のうちで、明るさをもたらすもの、すなわち日の出をもとにして日付けられる。太陽が昇るそのとき、それは〜すべき時間なのである。

このように現存在は、自分が手にしなければならない時間に日付を打つのである。つまり現存在は、世界に委ねられていることの地平のうちで、この世界の内部で出会うもの、しかも目配りのうちで、世界内に存在可能であることによって卓越した適材適所性をそなえていることで出会うものに基づいて、こうした日付を打つのである。

配慮的な気遣いは、光と熱を恵んでくれる太陽の「手元存在」を利用する。この太陽が、配慮的な気遣いのうちで解釈されている時間に日付を与えるのである。この日付から、「もっとも自然な」時間の尺度である〈一日〉が生まれる。そして自分に時間をかけなければならない現存在の時間性は有限なものであるから、その生涯の日々はすでに数えられ、定められているのである。

「日のあるうちに」と考えることが、配慮的に気遣いしつつある予期に、配慮的に気遣うべきものごとの「そのとき」をあらかじめ気遣いながら定める可能性を、すなわち一日を時間的に分ける可能性を与える。そしてこの時間的に分ける作業も、時間

546
に日付を与えるもの、すなわち動きつつある太陽を顧慮して行われる。日の出と同じように日没と正午も、この天体が占める特別な「位置」である。世界のうちに被投され、時熟しながら、自分に時間を与えている現存在は、太陽の規則正しく反復される運行を、計算にいれるのである。このため現存在の生起は、〈そこに現に〉のうちへの被投性によって素描された日付的な時間の解釈に基づいて、日毎の生起となるのである。

1194　「時計」の発見

この日付を与える営みは、光と熱を恵んでくれるこの「太陽という」天体と、それが天空において占める特別な「位置」をもとにして行われるが、これは「同じ天を戴く」共同相互存在が、「誰にとっても」いつでも、同じように、ある範囲のうちでさしあたり一斉に行うことのできる時間の告知である。日付を与えるものは、環境世界のうちで利用できるものであるが、しかも同時に、そのつど配慮的に気遣う道具世界の範囲に限定されないものである。むしろこの道具世界のうちでも、すでにつねに環境的な自然と、公共的な環境がともに露呈されているのである。[*1]

誰もがこの公共的な日付によって、自分の時間を告知することができるし、誰もがそれを同時に「計算にいれる」ことができる。公共的に利用できる尺度が、公共的な日付によって使われているのである。この日付は、時間を測定するという意味で、時間を計算にいれており、そのために時間を測定する何か、すなわち時計を必要とするのである。すなわち、被投されて「世界」に委ねられて、自分に時間を与えている現存在の時間性とともに、初めから「時計」のようなものは露呈されているのである。すなわちその規則正しい回帰によって、予期しながら現在化することにおいて接近しうるようにされた手元的な存在者もまた、露呈されているのである。

手元的な存在者のもとに被投されて存在することは、時間性を根拠としている。このためこの時間性こそが、時計の根拠である。時間性は時計の事実的な必然性が可能となるための条件であり、それによって、時計の露呈が可能になるための条件にもなる。というのは、世界内部的な存在者が露呈されるとともに、現存在は太陽の運行に出会っているのだが、太陽の運行を〈予期しながら保持しつつ現在化する〉行為によってのみ、この現在化をみずから解釈しつつ、公共的で環境世界的な手元的な存在者を利用しながら、日付を打つことが可能になり、またそれが求められるようになるからである。

1195　自然の時計と人工の時計

「自然の」時計は、時間性に基づく現存在の事実的な被投性とともに、初めからすでに露呈されているが、これがきっかけとなって、さらに手頃な時計を製作し、使用する動機が生まれ、それが可能になる。こうした「人工の」時計は、自然の時計において第一義的に露呈されていた時間を、こうした時計なりに示すべきであるから、こうした人工の時計は自然の時計に「合わせて」製作し、使用されるべきものである。

1196　日付における公共的な時間の現象

時間計算と時計の使用法の発達の概要を、実存論的かつ存在論的な意味に基づいて記述する前に、さしあたり時間の測定において配慮的に気遣われる時間の性格を、さらに詳細に特徴づけておく必要がある。時間-測定は、配慮的に気遣われた時間を初めて「本来的に」公共的なものとしたのであるから、このような形で「計算する」日付において、日付を打たれたものがどのようにしてみずからを示すかを追跡する必要がある。そうすることで公共的な時間の現象というものに、覆いなく現象的に接近できるようになるはずである。

1197　世界時間とは

配慮的に気遣いつつある予期において解釈される「そのとき」に日付がついているということには、たとえば〈夜が明けたら、そのときは一日の仕事に取り掛かるべき時間だ〉というような意味が含まれる。配慮的な気遣いにおいて解釈された時間は、すでに〈～すべき時間〉として理解されているのである。それぞれの「今」は「さまざまなことのための今」であるから、そうしたものとして、適切な今であったり、不適切な今であったりする。

この「今」は、そして解釈された時間のどの様態も、たんに「～するための今」で

548

あるだけでなく、このようにその本質からして日付をつけることが可能なものとして、同時にその本質からして、適切さと不適切さという構造によって規定されている。解釈された時間は、最初から「〜すべきとき」とか「〜すべきでないとき」という性格をそなえているのである。配慮的に気遣いつつある〈予期しながら保持する現在化〉は時間を、〈のための目的〉との関連において理解している。そしてこの〈のための目的〉は究極的には、現存在の存在可能の〈そのための目的〉と結びついているのである。

公共的な時間はこのように、〈のため〉との関連において、わたしたちがすでに有意義性として確認しておいたまさにその構造をあらわに示しているのである。[*2] 有意義性こそが、世界の世界性を構成するものである。公共的な時間は、〈〜すべきとき〉として、その本質からして世界という性格をそなえている。そのためわたしたちは時間性の時熟において公共的なものとなる時間を、世界時間と名づけておくことにする。その理由は、この時間が世界内部的な存在者として眼前的に存在しているからではない。このようなことはありえないことである。その理由はむしろ、この時間が実存論的かつ存在論的に解釈された意味での世界に属しているからである。

世界構造の本質的な関連、たとえば〈のため(ウムツー)〉が、時間性の脱自的で地平的な機構に基づいて、公共的な時間、たとえば「〜ならばそのときには」と、どのように関連しているかは、以下の叙述で明らかにされよう。いずれにしてもわたしたちは、配慮的な気遣いの時間について、ここで初めて構造的に完全な形で特徴づけることができるようになったのである。すなわちこの時間は、日付を打つことができ、時間の間隔があけられており、公共的なものであり、このように構造化された世界そのものに属しているのである。

自然な日常的な態度で語りだされる、たとえばどの「今」をとってみても、こうした構造がそなわっているのであり、そのようなものとして、たとえ非主題的に、かつ前概念的にではあっても、現存在が配慮的に気遣いながら〈みずからに時間を使う〉ことのうちで理解されているのである。

1198　時間測定における現存在の時間性の時熟

被投され、頽落しつつ実存している現存在には、自然の時計がすでに開示されているのであるが、そうした開示されたありかたのうちには同時に、配慮的に気遣われた時間が、卓越した形で公共的なものとなることが含まれている。これは事実的な現存在がそのつどすでに遂行していることであり、時間計算が発達し、時計の使用がさらに洗練されたものとなることで、この公共性はますます亢進し、確実なものとなっていく。

ここでは時間計算と時計の使用の歴史的な発展を、そのさまざまな変遷のありようにおいて、歴史学的に記述する必要はない。ここで重要なのはむしろ、時間計算と時計の使用の発達の方向性において、現存在の時間性の時熟のどのような様態があらわになるかという問いを、実存論的かつ存在論的に問い掛けることである。この問いに答えることによって、時間の測定が、すなわち配慮的に気遣われた時間を明示的に公共的なものとすることが、現存在の時間性に基づくものであること、しかもこの時間性のまったく特殊な時熟に基づくものであることについて、根源的な理解がえられるはずである。

549

1199

時計と現存在の時間性

わたしたちが「自然な」時間計算の分析において考察の基礎としたのは、「未開な」現存在であった。こうした「未開な」現存在を、「発展した」現存在と比較してみると、「発展した」現存在にとっては、昼間であるとか、太陽が出ているとかは、もはや優越した機能をそなえていないことが分かる。この現存在には、夜を昼に変えることができるという「長所」があるからである。

さらにこうした現存在には、時間を確認するにあたっても、太陽とその高度を直接に、そして明示的なまなざしで捉える必要はなくなっている。そのための特別な測定装置が製作され、使用されているために、特別に製造された時計をみれば、すぐに時間を読み取ることができる。いま何時かすぐに分かるということは、自分に「どれだけの時間的な余裕があるか」が分かるということである。

このように時計でそのときどきに時間を読み取るさいには気づかれていないかもしれないが、時計という道具の使用も、現存在の時間性を根拠とするものなのである。

というのも、公共的な時間計算を可能にするのは時計であるが、これも「自然な」時計に基づいて規制される必要があるからである。そして現存在の時間性が、〈そこに現に〉の開示性とともに、配慮的に気遣われた時間の日付を初めて可能にするのである。

自然の露呈が進むとともに、自然な時計についての了解も深まる。こうして深まってきた了解が、昼間とも、そのつどの明示的な天空観測とも相対的に独立して、新たな時間測定の可能性を指し示すのである。

1200　時計となる現存在

しかし「未開な」現存在もまたある意味ではすでに、空を眺めて時間を直接に読み取ることからは独立している。こうした現存在は、空にある太陽の高度から時間を確認せず、いつでも利用できる存在者が投げる影の長さを測って時間を確認しているからである。これはさしあたりもっとも簡略な形では、古代の「農夫時計」として現れることができる。

誰にでも、つねに影というものが伴っているのであり、この影をとおしてわたしたちは、空のさまざまな場所にその位置を変えつつある太陽というものに出会う。昼間のあいだは影がさまざまな長さでずっと現れているので、これを「いつでも」歩測することができる。身長と足の長さは人によって異なるが、身長と足の長さの比率は、かなりの精度で一定である。

550

だから配慮的に気遣われる事柄についての約束の時間を公共的に打ち合わせようとするならば、「影が何歩の長さになったらば、あそこで会おう」と約束することができるのである。その場合に、身近な環境世界のかなり狭い範囲に住む共同相互存在にとっては、影を歩測する「地点」が同じ緯度にあることは、暗黙のうちに前提されているのである。このような時計ならことさらに携帯する必要はない。このありかたでは現存在はある意味では時計そのものなのである。

1201　日時計の時間

公共的な日時計では、数字盤の上で影の線が太陽の運行とは逆の方向に動くようになっている。これについてはこれ以上説明する必要はないだろう。しかし数字盤の上で影が占める場所をみて、わたしたちがそこで時間を読みとるのはどうしてだろうか。影も、区分けされた盤も時間そのものではない。影と盤の空間的な相互関係も、時間ではない。それではわたしたちがこうした「日時計」をみて読みとる時間、またどの腕時計をみても直接に読みとる時間は、どこにあるのだろうか。

1202 時間を読むとき

時間を読みとるというのはどういうことだろうか。「時計を見る」ということは、たんに手元的に存在するこの道具に、どのような変化が現れているかを調べ、時刻を示す針の位置を追いかけるというようなことではないだろう。時計を使っていま何時であるかを確かめるときには、わたしたちは言葉にだして語るかどうかは別として、今は何々の時間だから、〈〜する時刻〉だとか、まだ時間があるとか、今は〈〜するまでに〉まだ時間があるなどと、わたしたちは語っているのである。

このように〈時計を見ること〉は、〈自分に時間を割り当てること〉に依拠しているのであり、これに導かれているのである。時計を見ながら自分を時間に合わせるということは、その本質からして〈今はと言うこと〉である。これはごく基本的な時間計算で示されたことであるが、それがここでさらに明確になったのである。

これはあまりに「自明な」ことであるので、わたしたちはそれをまったく気に掛けない。ここで〈今はと言うこと〉が、日付可能性、〈時間の間隔〉、公共性、世界性という〈今は〉の完全な構造的な内実において理解され、解釈されていることを、わたしたちは明示的には意識していないのである。

1203　時間測定と公共性

しかしこの〈今はと言うこと〉は、保持的な予期との統一において時熟する現在化を、語りながら分節することである。わたしたちは時計を使用することで日時を確認しているのだが、それが証しているのは、眼前的な存在者の卓越した現在化なのである。日時を確認する行為は、たんに眼前的な存在者との結びつきを確認することであるだけでなく、この関係の確認そのものが、測定という性格をそなえているのである。

551

たしかにこの測定された数値は、［時計から］直接に読みとることができる。しかしそれは、測定されるべき長さのうちに、測定の尺度が含まれていることが理解されているということであり、この測定されるべき長さのうちに、この測定の尺度が何回現存しているかが、規定されているということである。測定するということは時間的にみると、そこに現存している長さのうちに、現存する測定尺度を現在化させることで構成される。尺度という理念のうちには、尺度そのものは変化しないということが含まれているが、このことは尺度というものはいつでも、誰にとっても、その恒常性において、眼前的に存在しなければならないということを意味している。

配慮的に気遣われた時間を測定しながら日時を確認するということは、眼前的な存在者を現在化しつつそれに注目しながら、時間を解釈することである。その眼前的な存在者は尺度として、測定されるものとして、ある卓越した現在化だけによって接近することができるものである。このように測定しながら行われる日時の確認では、存在するものの現前が特別な優位をそなえているので、時計をみて測定しながら時刻を読みとるということが、さらに強調された意味で〈今は〉という言葉で語りだされるのである。

だから時間測定において時間が公共的なものとなるとき、そのときどきに、いつでも誰にとっても、「今、そして今、そして今」という単調な形で時間に出会うことになる。このように時計において「普遍的に」接することのできる時間は、時間の測定が主題的に時間そのものを目指していないこともあり、あたかも眼前的に存在する今の多様性でもあるかのように、眼の前にみいだされるのである。

1204　空間的で場所的なものと時間性の関係

事実的な世界内存在の時間性は、根源的に空間の開示を可能にするものである。そして空間的な現存在は、露呈されている〈あそこ〉をそのつどもとにしながら、現存在にふさわしい〈ここ〉を自分に指し示している。そのため現存在の時間性のうちで配慮的に気遣われる時間は、その日付可能性について、そのつど現存在の特定の〈場所〉と結びついている。時間がある〈場所〉に結び合わされているのではない。時間性というものがあるからこそ、日付可能性が空間的で場所的なものと結びつくことができ、しかもこの空間的で場所的なものが、すべての人にとって尺度として拘束力をもつことが可能になるのである。

時間はまず最初に空間と結び合わされているのではなく、時間を配慮的に気遣う時間性に基づいてこそ、結び合わされるようにみえる「空間」に出会うのである。時計と時間計算は現存在の時間性に基づくものであり、この時間性は現存在を歴史的な存在者として構成しているものであるから、そのことによって時計の使用そのものが存552在論的にみて、どのような意味で歴史的であるか、そしてどのような意味ですべての時計が時計として、「歴史をもつ」ものであるかを、示すことができるのである。[*3]

1205　時間の測定における空間性と時間性

時間の測定において公共的なものとなる時間は、空間的な尺度の関係に基づいて日時が確定されるのではあるが、それによって空間になるわけではない。また時間の測定の実存論的かつ存在論的に本質的な意味をもつ事柄は、日時を確定された「時間」が、空間的な線分の長さや、空間的な事物の場所の変動に基づいて、数値的に規定されることにあると考えてはならない。

418

存在論的にみて決定的に重要なことは、測定を可能にする特殊な意味での現在化のうちにひそんでいる。「空間的に」眼の前に存在するものによって日時を確定することは、時間を空間化することではない。このように空間化と思えるものこそが、あらゆる〈今〉において、あらゆるひとにとって眼前的に存在するものを、その現存するありかたに基づいて現在化することにほかならないのである。時間の測定は、本質的かつ必然的に、〈今はと言うこと〉であるが、この時間測定においては、尺度を獲得することに気を取られて、測定される当のものはいわば忘れられている。そこで線分と数しかみあたらないということになるのである。

1206 時計の進歩

時間を配慮的に気遣う現存在が時間を無駄にしなくなればなるほど、時間は「貴重な」ものになり、ますます時計も扱いやすいものでなければならなくなる。時計はますます時間を「正確に」告知することができるだけでなく、時間規定そのものも、できるだけ時間のかからないものとなり、しかも他者の時刻表示と一致したものにならなければならないのである。

1207　本書で取り上げない二つの課題

とりあえずここで重要なものとみなしたのは、時計の使用と、〈みずからに時間を割り当てること〉の時間性との「連関」を一般的な形で示すことだった。発達した天文学的な時間計算を具体的に分析する仕事は、自然の露呈についての実存論的かつ存在論的な解釈の範囲に含まれるものである。また暦法的で歴史学的な「年代決定法」の基礎も、歴史学的な認識の実存論的な分析の課題の領域で、初めて解明することができる。*4

553

1208　世界時間の超越性

時間の測定によって、時間は顕著な形で公共的なものとなる。そしてわたしたちが一般に「時間」と呼んでいるものは、その途上で初めて周知のものとなる。配慮的な

419

気遣いでは、すべてのものに「それにふさわしい時間」が割り当てられる。あらゆるものがおのおのの時間を「もつ」ことができ、すべての世界内部的な存在者も同じようにこうした時間を「もつ」ことができるのは、それらがそもそも「時間のなかで」存在していることに基づいている。

このように世界内部的な存在者に「そのなかで」出会う時間は、世界時間であることはすでに確認しておいたとおりである。この世界時間は、それが属する時間性の脱自的で地平的な機構に基づいて、世界と同じ超越をそなえている。世界が開示されるとともに、世界時間も公共的なものとなっている。そのために世界内部的な存在者を時間的に配慮的に気遣う存在はすべて、この存在者を「時間のなかで」出会うものとして、目配りによって理解するのである。

1209　世界時間の客観性

もしも〈客観的なもの〉が、世界内部的に出会う存在者の〈自体的で眼前的な存在〉のことであるならば、眼前的な存在者が「そのなかで」運動したり静止したりしている時間は、「客観的な」ものではない。そして〈主観的な〉ということが、ある「主観」のうちで眼前的に存在したり、出現したりすることであるならば、それと同じように時間は「主観的な」ものではない。

554

世界時間は、あらゆる可能な客観よりも「客観的」である。なぜなら世界時間は、世界内部的な存在者の可能性の条件であり、世界の開示性とともに、いつもすでに脱自的かつ地平的に「投企化」されているからである。さらにまたカントの見解に反して、世界時間は心理的なものにおいてだけでなく、物理的なものにおいても同じように直接的に眼の前にみいだすことができるのであり、心理的なものという迂回路を通らないと、物理的なものにおいて時間を眼の前にみいだすことができないというわけではない。「時間」はさしあたりは天空に現れる。天空とはすなわちひとが自然に時間に従いながら、時間を眼前的にみいだすところであり、そのために「時間」が天空と同一視されることもあるのである。

1210　世界時間の主観性

しかし世界時間はまた、あらゆる可能な主観よりも「主観的」である。なぜなら世界時間は、気遣いを事実的に実存する自己の存在として正しく理解するならば、こうした自己の存在を初めて可能にするものだからである。時間は「主観」のなかにあるのでも、「客観」のなかに眼前的に存在するものでもない。「なかに」あるのでも「外に」あるのでもなく、すべての主観性と客観性よりも「以前に」「存在する」のである。時間こそが、こうした「以前に」を記述することを可能にする条件だからである。

それでは時間にはそもそも「存在」というものがあるのだろうか。存在がないとしたら、それは幽霊のようなものなのだろうか。それともあらゆる可能な存在者よりも「存在する」ものなのだろうか。

これらの問いの方向に向かって進められる探求は、かつて真理と存在の連関について探求した際に直面したのと同じ「限界」に直面することになるだろう。[*5] これらの問いに以下でどのように回答するとしても、さらに改めて根源的に問い直されるとして

420

も、ここでとりあえず理解しておくべきことは、時間性は脱自的かつ地平的なものとして、世界時間といったものを時熟させるということ、そしてこの世界時間が手元的な存在者と眼前的な存在者の時間内部性を構成するということである。すると厳密な意味で、これらの存在者は「時間的」と呼べないことになる。これらの存在者は、現存在でないその他のすべての存在者と同じように、非時間的である――それらが実在的に現前し、発生し、消滅するにしても、あるいは「観念的に」存立するにしてもである。

1211 出発点としての時間内部性

555

このように、世界時間は時間性の時熟に属するものであるから、わたしたちは世界時間を「主観主義的に」消滅させたり、悪い意味で「客観化」して「物化」したりすることはできない。この二つの誤謬は、明確な洞察に基づいて回避すべきであり、両方の可能性のあいだを不確かにただ揺れ動くことによって、それを回避しようとすべきではない。そのためには、日常的な現存在は、自分のもっとも身近な時間了解によって、「時間」を理論的にどのように把握しているかを理解しなければならないし、この［身近な時間了解による］時間概念のために、そしてこうした時間概念が支配的であるために、時間の了解が目指していたものを、根源的な時間から了解する可能性がどこまで塞がれるか、すなわち時間性として了解する可能性がどこまで塞がれてしまうかを、理解しなければならない。

〈自分に時間をかけている〉日常的な配慮的な気遣いが、「時間」をみいだすのは、「時間のなかで」出会う世界内部的な存在者においてである。そこで通俗的な時間概念の発生を解明するためには、時間内部性を出発点とする必要があるのである。

原注

＊1　本書第一五節、六六ページ以下［第二分冊、一〇九ページ以下］を参照されたい。

＊2　本書第一八節、八三ページ以下［第三分冊、三三ページ以下］と、第六九節（c）、三六四ページ以下［第七分冊、二一七ページ以下］を参照されたい。

＊3　ここでは時間測定において相対性理論が提起した問題について立ち入ること

はできない。この時間測定の存在論的な基礎を解明するための前提条件となるのは、現存在の時間性に基づいて、世界時間と時間内部性を明らかにしておくこと、そして自然の露呈の実存論的で時間的な構成と測定一般の時間的な意味を解明しておくことである。物理学的な測定技術の公理系は、こうした「時間についての」考察に立脚するものであり、それとは逆に、公理系が時間の問題そのものを展開することはできないのである。

＊4　年代学的な時間の解釈と「歴史年代」の解釈の最初の試みとして、著者のフライブルク大学教授資格講義（一九一五年夏学期）である「歴史学における時間概念」（『哲学および哲学的な批判のための雑誌』第一六一巻、一九一六年の一七三ページ以降に収録）を参照されたい。歴史年代と天文学的に算定された世界時間が、現存在の時間性および歴史性とどのように関連するかについては、さらに広範な探求が必要とされる。

またゲオルク・ジンメル「歴史学的な時間の問題」（カント協会の刊行した『哲学講演集』第一二号、一九一六年）も参照されたい。

歴史学的な年代学の発達についての二冊の基本的な著作として、ヨセフス・

ユストゥス・スカリゲル『諸年代の改善について』（一五八三年）と、イエズス会士のディオニュシウス・ペタウィウス『諸年代論の書』（一六二七年）をあげておく。

古代の時間計算については、G・ビルフィンガー『古代の時刻表示』（一八八八年）と『市民の一日、古典古代とキリスト教的中世における暦日の端緒についての研究』（一八八八年）を参照されたい。またH・ディールス『古代の技術』第二版、一九二〇年の一五五～二三二ページの「古代の時計」も参照されたい。

近代の年代学については、F・リュール『中世と近代の年代学』（一八九七年）が取り上げている。

＊5　本書第四四節（c）、二二六ページ以下［第五分冊、一七二ページ以下］を参照されたい。

第八一節　時間内部性と通俗的な時間概念の発生

1212　日常生活における時間

日常的に行われる目配りしながらの配慮的な気遣いにとって、「時間」というものは、さしあたりどのようなものとして現れてくるのだろうか。「時間」というものに明示的に接近するのは、配慮的な気遣いにおいて道具を使用する交渉のうちでも、どのような交渉においてなのだろうか。世界が開示されることによって、時間は公共的なものとなっているのだが、世界が開示されてあることで、世界内部的な存在者もすでに露呈されているのである。そして現存在がみずからを考慮しながら時間を計算しているかぎりでは、世界内部的な存在者の露呈とともに、つねに時間も配慮的に気遣われているのである。そうだとすると、「ひと」が明示的に時間を考慮しながらなす行動は、時計を使用することのうちに含まれているのである。

この時計使用の実存論的かつ時間的な意味は、移動しつつある時計の針を現在化することのうちにあることがすでに証示された。時計の針のそのつどの位置を現在化しつつ追跡するときに、わたしたちは何かを数えるのである。この現在化する働きは、予期しつつ保持する脱自的な統一において時熟する。現在化しながら、「かつて」を保持するということが意味するのは、〈今はと言いながら〉、〈以前に〉という地平に開かれているということ、すなわち〈今はもうない〉の地平に向かって開かれているということである。

そして現在化しながら「そのとき」を予期しているということが意味するのは、〈今はと言いながら〉、〈後で〉の地平に開かれているということ、すなわち〈今はまだない〉の地平に向かって開かれているということである。

このように、現在化のうちでみずからを示してくるものが、時間なのである。それでは、目配りのうちで〈みずからに時間を割り当てつつ〉、配慮的な気遣いをしながら時計を使用する行動の地平において、このようにあらわになる時間は、どのように定義されるだろうか。そうした時間とは、移動する時間の針を現在化しつつ数えながら追跡するときにあらわになる〈数えられたもの〉のことであり、そのさいにこの現在化する働きは、「以前に」と「後で」に向かって地平的に開かれている保持と予期の脱自的な統一において時熟すると定義することができるだろう。

ところがこの定義は、アリストテレスが時間について示した定義を、実存論的かつ存在論的に解釈したものにほかならない。アリストテレスの定義とは、「時間とは、〈以前に〉と〈後で〉の地平において出会う運動において数えられたものである」[*1]というものである。この定義は一見したところ、きわめて異様に思えるかもしれないが、アリストテレスがこの定義を導きだした地平を実存論的かつ存在論的な地平として画定するならば、この定義はきわめて「自明な」ものであり、正しく汲み取られているものである。

アリストテレスにとっては、このように明らかにされた時間の起源は、問題ではなかった。アリストテレスの時間についての解釈は、むしろ「自然な」存在了解の方向に向かって進んでいる。しかしわたしたちの探求では、その存在了解そのものを、そしてこの存在了解のうちで理解されている存在を、原理的に問題としているのであるから、アリストテレスの時間分析を主題的に解釈することができるのは、存在問題の問いを解決した後でのことである。そのさいには、古代的な存在論一般の問題設定を批判的に画定し、それをみずからのものとして積極的に獲得するために、このアリストテレスの時間分析が原理的な意義をもってくることになるだろう。[*2]

1213 「数えられた」ものとしての〈今－時間〉

アリストテレスの後に、時間の概念について行われたすべての考察は、原理的に、アリストテレスの定義に依拠している。すなわち時間を主題にするときには、目配りしつつある配慮的な気遣いにおいて示される時間を考察しているのである。時間は「数えられた」ものであり、移動しつつある時計の針、もしくは日時計の影を現在化することによって言明され、また主題的でないとしても、そのように考えられたもののことである。

557

動いたものをその運動において現在化させながら、わたしたちは「今はここに、今はここに、などなど」と言うのである。このようにして数えられるものが、〈今〉である。そしてこれらの〈今〉は、「すべての今において」、「ただちにもはや「今では」ないもの」と「わずかにいまだ今ではないもの」としてみずからを示している。わたしたちは時計の使用においてこのようなありかたで「眼に入ってくる」世界時間を、〈今－時間〉と呼ぶことにしよう。

1214
「ときの歩み」

〈みずからに時間を与えている〉配慮的な気遣いは、「いっそう自然に」時間を計算にいれればいれるほど、言明された時間そのものは気に掛けずに、それぞれの時間をそなえた道具への配慮的な気遣いのうちに、自己を喪失している。配慮的な気遣いが時間を規定し、告知するのが「いっそう自然に」なればなるほど、すなわち時間そのものに主題的に注意を向けなくなればなるほど、配慮的に気遣われたもののうちで現在化し、頽落している存在は、声にだして言うかどうかは別として、手短に〈今は、そのときは、かつては〉などと語ることが多くなる。

このようにして通俗的な時間了解にとって時間は、不断に「眼前的に存在しながら」、過ぎ去ると同時に到来してくる〈今〉の連続として現れてくる。時間は「こうした多くの今が」次々と継起するものとして、これらの〈今〉の流れとして、「ときの歩み」として理解されるのである。配慮的に気遣われた世界時間のこうした解釈には、何がひそんでいるのだろうか。

1215 通俗的な時間概念が隠蔽したもの

この問いに答えるためには、わたしたちは世界時間の十全な本質構造に立ち戻って、これを通俗的な時間了解のうちで知られているものと比較してみればよいのである。わたしたちは配慮的に気遣われた時間の第一の本質的な契機として、日付可能性を取り出しておいた。日付可能性は、時間性の脱自的な機構を基礎とするものであった。「今」はその本質からして〈～すべき今〉なのである。

配慮的な気遣いにおいて、日時の確認可能なものとして理解されている〈今〉は、このようなものとして把握されていないとしても、そのつど適切な今であるか、不適切な今であるかのどちらかである。このように〈今〉の構造には、有意義性がそなわっているのである。わたしたちが配慮的に気遣いされた時間を世界時間と名づけたのはそのためである。

ところが時間を〈今〉連続とみなす通俗的な時間の解釈では、日付可能性も有意義性も、どちらも欠け落ちている。時間が純粋な継起として性格づけられているので、どちらの構造も「現れること」がないのである。通俗的な時間の解釈は、これらを隠蔽するのである。

558

〈今〉のこうした日時の確認可能性と有意義性は、時間性の脱自的かつ地平的な機構を根拠とするのであるが、この機構はすでに述べた隠蔽のために平板化される。〈今〉はこれらの連関から切断されて、ひたすら〈今〉から〈今〉へと並べられることで、継起を構成するのである。

1216

通俗的な時間了解の隠蔽の強化

このように通俗的な時間了解は、世界時間を平板化しながら隠蔽するのであるが、これは決して偶然ではない。むしろ、すでに述べた構造を見落とさざるをえない理由がある。というのは、日常的な時間の解釈は、ひたすら配慮的な気遣いの常識的なまなざしのうちにとどまっていて、その地平のうちから「現れる」ものだけを理解しているにすぎないからである。配慮的な気遣いによる時間測定で数えられたものは〈今〉であるが、この〈今〉は、手元的な存在者や眼前的な存在者の配慮的な気遣いのうちにあって、そうした存在者に合わせて理解されているのである。

このような時間の配慮的な気遣いが、こうした存在者に合わせて理解されている時間そのものに立ち戻って、こうした時間について「考察する」場合には、この〈今〉もまた、不断に配慮的な気遣いを導いている存在了解の地平のうちで考察されることになる。[*3]というのも、これらの今は何らかの形で「そこに現に」存在しているはずのものだからである。

すなわちこれらの〈今〉は、ある意味でともに眼前的なものとして存在しているということになる。ということは、存在者に出会うのと同じようにして、個々の〈今〉に出会うということである。もちろん、〈今〉が事物と同じように眼前的に存在していると明示的に語られているわけではないが、それでも存在論的には、眼前的な存在という理念の地平のうちで「みられている」のである。

〈今〉は次々と過ぎ去る。そして過ぎ去ったそれらの〈今〉が集まって、過去を形成している。さらに〈今〉は次々と到来する。そして次々と到来するそれらの〈今〉が、「未来」の限界を定める。このように、世界時間を〈今－時間〉とみなす通俗的な時間の解釈には、世界、有意義性、日付可能性というものに接近するために必要な地平というものが、まったくそなわっていないのである。こうした時間の解釈には、これらの構造は必然的に隠蔽されたままである。そして通俗的な時間解釈がその時間の性格づけを概念的に構築するやりかたによって、この隠蔽はさらに強固なものとなるのである。

1217　プラトンの時間論

こうした〈今〉連続は、何らかの形で眼前的に存在するものであるかのように把握されている。というのも、この〈今〉連続はそれ自身が「時間のなかに」入り込んでいくからである。わたしたちは、どの〈今〉のなかにも〈今〉があり、どの〈今〉においても、〈今〉はただちに消滅すると語る。どの〈今〉においても〈今〉は〈今〉であり、それぞれの〈今〉において到来し、消滅していくものはそのつど別の〈今〉559ではあるが、それでも〈今〉はたえず同一のものとして現存している。〈今〉はこのように交替するものでありながら、しかもすべての〈今〉は同時に同じ〈今〉として不断に現存するありかたを示している。だからこそプラトンが時間を、発生し、消滅する〈今〉連続として眺めたときに、時間を永遠性の模像と名づけざるをえなかったのである。「そこで彼［デミウルゴス］は、永遠の一種の動く似像を作ろうと思い、天を秩序づけて作ると同時に、一体をなして留まっている永遠の、数に従って進む永遠的な似像を作ったが、それがわたしたちの時間と名づけているものである」[*4]。

1218　世界時間に固有の構造

〈今〉連続は中断されることがなく、隙間もないものである。〈今〉の「分割」をどれほど「遠くまで」進めてみても、それは相変わらず〈今〉である。ひとはこのような時間の恒常性を、分解することのできない眼前的な存在者という地平から眺めている。不断に眼前的に存在するものを存在論的な手掛かりとして、時間の連続性という問題を解こうとしたり、ここに解けないアポリアをみいだしたりしているのである。

そのようにするならば、世界時間に固有の構造は、覆い隠されたままにならざるをえない。というのもこの構造は、脱自的に基礎づけられた日付可能性と同じ間隔の伸びのうちにあるものだからである。時間のこの間隔の伸びは、時間性の脱自的な統一の地平的な伸び広がりからは理解できない。時間性が、時間の配慮的な気遣いのうちで、公共的なものとなっているからである。

いかに刹那的なものであれ、〈今〉がそのつどすでに〈今〉であるということは、さらに「より以前のこと」から把握しなければならない。すなわち、あらゆる〈今〉がそこから派生してくる脱自的な時間性の〈伸び広がり〉から把握しなければならない。この〈伸び広がり〉は、眼前的な存在者のどのような連続性とも無縁なものであるが、それでいて、眼前的に存在する恒常的なものに接近することが可能となるための条件なのである。

1219　時間は無限であるというテーゼの生まれる理由

通俗的な時間の解釈の中心的なテーゼは、時間が「無限である」というものであるが、このテーゼほど、こうした解釈に含まれている世界時間を、さらに時間性一般を、平板化し、隠蔽する傾向をありありと暴露するものはない。時間はさしあたり、〈今〉

のとぎれのない連続として姿を現している。どの〈今〉も、たちまちのうちに「今しがた」になり、あるいは「今すぐ」である。

時間の性格を規定するために、第一義的にこうした今連続だけに依拠しようとすると、560 この連続そのものには原理的にいかなる始点も終点もない。どれほど最後の〈今〉であっても、それは〈今〉であるから、そのつどつねにすでに〈今すぐにもはや今でなくなるもの〉であり、したがって〈もはや今でないもの〉であり、すなわち過去としての時間である。またいかなる最初の〈今〉であっても、同じようにそれはそのつど〈今しがたまでまだなかったもの〉であり、〈まだ今でないもの〉としての「未来（ツクンフト）」としての時間である。

このように時間は「その両端に向かって」限りがないものである。時間についてのこのテーゼが成立するのは、眼前的に存在している今の経過という、宙に浮いた自体的なありかたを手掛かりにしているからにほかならない。このような見方をするならば、〈今〉という十全な現象にそなわる日付可能性、世界性、間隔の伸び、現存在にふさわしい公共性という構造契機が隠蔽され、見分けのつかない断片にまで貶められてしまう。

眼前的に存在するものと、眼前的に存在しないものという観点で〈今〉連続を「最後にいたるまで考え抜いた」としても、この連続の〈最後〉をみいだすことは決してできない。そして時間についてこのような観点で終わりまで考え抜いても、つねにまだ時間について考えねばならないということから、ひとは時間は無限であると結論するのである。

1220　世人にとっての時間

しかしどうしてこのように世界時間は平板化され、時間性は隠蔽されてしまうのだろうか。その原因は、わたしたちが予備的に気遣いとして解釈しておいた現存在そのものの存在のうちにある。[*5]現存在は被投されて頽落しており、さしあたりたいていは、みずから配慮的に気遣っているもののうちに自己を喪失している。しかしこの自己喪失のうちにも、現存在がみずからの本来的な実存、すなわち先駆的な決意性として性格づけられた実存に臨みながらも、それを隠蔽しながら逃走していることが告げられるのである。

この配慮的な気遣いのもとでの逃走のうちには、死からの逃走がひそんでいるのであり、世界内存在の終わりから、目を背けようとすることが含まれているのである。*6 この〈〜から目を背けること〉は、それ自体が〈終わりに臨む存在〉の脱自的で将来的な存在の一つの様態である。頽落的で日常的な現存在に属する非本来的な時間性は、このように〈終わりのあることから目を背けること〉であるから、それは本来的な将来性を、さらには時間一般を見誤らざるをえないのである。ましてや、世人が通俗的な現存在了解を指導するようになると、公共的な時間の「無限性」という自己忘却的な「表象」が、ますます強まってしまうだろう。

561

世人は決して死ぬことがない。なぜならば、死はそのつど〈わたしのもの〉であって、本来的には先駆的な決意性においてしか、実存的に理解されないものだから、世人は死ぬことができないのである。世人は決して死ぬことがないものとして、〈終わりに臨む存在〉を誤解しつづけるが、それにもかかわらず世人は、死からの逃走に、特徴的な解釈を与えるのである。すなわち、終わりまでは「まだ時間がある」と解釈するのである。

425

ここで告げられている〈まだ時間がある〉ということは、〈失ってもよい時間がある〉という意味であり、「今のところはまだこれを、次にあれを、そしてさらにあれも、それからそのときには～」ということである。これでは時間の有限性すら理解しているとは言えない。その反対に、この配慮的な気遣いは、これから到来して、「さらに先に進んでいく」時間のうちから、できるだけ多くのものを摑みとろうと構えているのである。

公共的にみれば、誰もがみずからに〈時間をかける〉のであり、また〈時間をかける〉ことができる。平板化された〈今〉連続は日常的な共同相互存在のうちにある個々の現存在の時間性から由来するものであるのに、その由来がまったく見分けられなくなっている。「時間のなかで」眼前的に存在していた一人の人間がもはや実存しなくなったところで、それが「時間」の歩みにどのような影響を与えるというのだろうか。一人の人間が「生をうけた」ときに、すでに時間が「あった」のと同じように、時間は今後もその歩みをつづけるだろう。それは当然のことではないだろうか。このようにして人々は公共的な時間しか知らない。平板化され、すべてのひとのものであり、すなわち誰のものでもない公共的な時間しか、知らないのである。

1221　過ぎ去る時間

しかし死をいかに回避しようとも、死はこの逃亡者を追いかけつづける。逃亡者は死から目を背けようとしながらも、やはり死を直視せざるをえない。同様に〈今〉連続は、ただ過ぎ去っていくだけであり、無害で、限りのないもののようにみえるが、それが驚くべき謎となって、現存在の「上に」のしかかってくるのである。

わたしたちは「ときは過ぎ去る」と言うが、なぜそれと同じように〈ときが生まれる〉ことを強調しないのだろうか。純粋な〈今〉連続を考えてみれば、どちらも同じ権利をもって語られるべきなのだ。ときが過ぎ去ると語るときには、現存在は結局のところ、自分で考えているよりも、時間について多くのことを理解している。すなわち世界時間がそのなかで時熟するその時間性は、さまざまな隠蔽が行われているにもかかわらず、完全には閉ざされていないのである。

〈ときは過ぎ去る〉と語るときには、〈時間をとめることはできない〉という「経験」を表現しているのである。そしてこの「経験」それ自身は、時間をとめようと望

562

む意志があって初めて可能になるのである。この意志のうちには、滑り落ちていく「瞬間」をすでに忘却して、「瞬間」が到来することを期待する非本来的な予期がひそんでいるのである。

　このように、非本来的な実存の現在化させつつ忘却的な予期こそが、「ときは過ぎ去る」という通俗的な経験が可能になるための条件なのである。現存在は〈みずからに先だって〉というありかたにおいて将来的に存在するものであるから、現存在は予期しつつ、〈今〉連続を、滑り落ちつつ過ぎ去るものとして理解せざるをえない。現存在は「あわただしく」自分の死のことに気づいているからこそ、あわただしく過ぎ去る時間のことを知っているのである。そして「ときが過ぎ去る」ことを強調する語りのうちにも、現存在の時間性の有限的で将来的なありかたが、公共的な形で影を落としているのである。そして時間が過ぎ去ることについての語りのうちでも、死は隠蔽されたままでありうるために、時間は過ぎ去ること「それ自体」として、みずからを示すのである。

1222　時間はなぜ逆流しえないか

しかしこのようにそれ自体で過ぎ去っていく純粋な〈今〉連続においても、あらゆる平板化と隠蔽を透すようにして、根源的な時間があらわになる。通俗的な時間解釈では、ときの流れを逆流させることのできない継起として規定している。時間はどうして逆流させることができないのだろうか。〈今〉連続が、どうして逆の方向に向かって始まることが決してないのか、それ自体では洞察できないし、とりわけ〈今の流れ〉だけに注目していたのでは、洞察できないことだろう。しかしこのように逆流しえないことは、公共的な時間が時間性という根源から由来することに基づいている。この時間性の時熟は、第一義的には将来的であり、脱自的にはみずからの終わりに向かって「進む」のであり、すでに終わりに臨んで「存在している」のである。

426

1223 通俗的な時間概念の正当性と限界

通俗的な時間の性格づけでは、時間とは無限であり、過ぎ去るものであり、逆流させることのできない〈今〉連続であると考えているが、これは頽落した現存在の時間性に由来するものである。通俗的な時間の観念にも、それなりの自然の正当性はある。これは現存在の日常的な存在様式に属するものであり、さしあたり支配的な存在了解に属するものである。歴史がさしあたりたいていは公共的に時間内部的な生起として、理解されているのもそのためである。

こうした時間の解釈は、その意味では独占的で優先的な正当性をそなえているのであるが、もしもこうした解釈が、時間についての「真なる」概念を提供するものであるとか、時間の解釈のために唯一可能な地平を素描するものであると主張するようになったときにかぎっては、その独占的で優先的な正当性を失うのである。

むしろここで明らかになってきたのは、次のようなことである。まず現存在の時間性とその時熟に基づくことで初めて、世界時間がなぜ、またどのようにして現存在の時間性に属しているのかが理解できるようになる。また時間性から汲み取られた世界時間の十全な構造を解釈することで初めて、通俗的な時間概念にひそんでいる隠蔽一般をそもそも「見抜き」、時間性の脱自的かつ地平的な機構がどのように平板化されるかを見定めるために必要な導きの糸を手にすることができる。さらにこうした現存在の時間性を手掛かりにすることで、このように平板化しながら隠蔽することがどこから生まれたのか、そして事実的にどのように必然的なものとなっているかを示すことができるのであり、時間についての通俗的なテーゼの正当性はどのような根拠をそなえているかも吟味できるようになるのである。

1224 〈今－時間〉と時間性

ところが反対の方向からは、通俗的な時間了解の地平における時間性に接近することはできないのである。〈今－時間〉は、解釈の可能な順序として、第一義的に時間性をもとにして考えなければならないからであるだけではなく、そもそもそれは現存在の非本来的な時間性において時熟するものだから、〈今－時間〉が時間性から派生したものであることも合わせて、時間性を根源的な時間とみなすことが正当であることが分かるのである。

1225　未来、過去、現在という通俗的な概念

脱自的かつ地平的な時間性は、第一義的に、将来から時熟する。これにたいして通俗的な時間了解は、時間の根本現象は今であると考えるのであり、しかもその十全な構造から切り離された純粋な〈今〉にあると考える。そしてこれが「現在」と呼ばれるのである。

このことから明らかになるように、この今に基づいて、本来的な時間性に属する瞬視という脱自的で地平的な現象を解明しようとしたり演繹しようとしたりする試みは、原理的に見込みのないものなのである。またそのために、脱自的に理解された将来と、日付を確定することのできる有意義な「そのとき」と、まだ到来しておらず、これから到来してくる純粋な〈今〉という意味での通俗的な「未来」の概念は、すべて異なるものであって、一致することはない。さらに脱自的な既往性と、日付を確定するこ

とのできる有意義な「かつて」と、過ぎ去った純粋な〈今〉という意味での過去の概念も、どれも異なるものであって、一致することはない。さらに〈今〉は、〈まだ今ではないもの〉を孕んでいるのではなく、現在は時間性の時熟の根源的な脱自的統一[564]において、将来から生まれるのである。[*7]

[1226] アリストテレスからヘーゲルまでの時間論

通俗的な時間経験が知っているのは、さしあたりたいていは「世界時間」だけであるが、同時につねに、これが「心」や「精神」ととくに卓越した関連性があることを認めている。そしてこのことは、哲学の問い掛けの第一義的で明示的な手掛かりを「主観」のうちに求めるようになるよりも、はるかに前からのことなのである。

これについては、次の二つの特徴的な引用を示せば十分だろう。アリストテレスは「もしも霊魂のほかに、霊魂に含まれる理性のほかに、その本性からして数えることのできるものが何も存在しないとすれば、霊魂が存在しないかぎり、時間は存在しえないだろう」[*8]と語っている。またアウグスティヌスも「時間は〈広がり〉以外のなにものでもないようにわたしには思われるのであるが、しかしいったい、いかなるものの〈広がり〉であるのか、わたしは知らない。もしも時間が精神そのものの〈広がり〉でないとすれば、それは驚くべきことであろう」[*9]と書いている。

このようにしてみると、現存在を時間性と解釈することも、原理的には通俗的な時間概念の地平の外部にあるわけではないようである。さらにすでにヘーゲルが、通俗的に理解された時間と精神の関連を確立しようと、明示的に試みている。一方でカントの考えによると時間は「主観的」ではあるが、「わたしは考える」とは結びつかず、その「傍らに」あると考えた[*10]。時間と精神の関連についてヘーゲルが明示的に示した基礎づけは、これまで示してきた現存在を時間性として解釈する試みと、それに基づいた世界時間の起源の提示を、間接的にさらに明確に示すという目的では、最適なものであろう。

原注

＊1　アリストテレス『自然学』第四巻第一一章二一九b一以下を参照されたい［ハイデガーはこの文章をギリシア語で引用している。邦訳は出隆・岩崎允胤訳、

『アリストテレス全集』第三巻、岩波書店、一九六八年、一七〇ページ。なおこの文については解説の三八六ページの注を参照されたい」。

*2　本書第六節、一九〜二七ページ［第一分冊、九四〜一二四ページ］を参照されたい。

*3　本書第二一節、特に一〇〇〜一〇一ページ［第三分冊、九五〜九八ページ］を参照されたい。

*4　プラトン『ティマイオス』三七d五〜七を参照されたい［ハイデガーはこの文章をギリシア語で引用している。邦訳は泉治典訳、『プラトン全集』第六巻、角川書店、一九七四年、二〇一ページ］。

*5　本書第四一節、一九一ページ以下［第五分冊、四九ページ以下］を参照されたい。

*6　本書第五一節、二五二ページ以下［第六分冊、八九ページ以下］を参照されたい。

*7　伝統的に永遠性を「とどまれる今（ヌンク・スタンス）」という概念で理解することがあるが、これは通俗的な時間了解から汲み取られたものであること、そして「不断に」眼

の前にあることという理念を手掛かりとして、画定されたものであることは、詳細に説明する必要はないだろう。神の永遠性が、哲学的に「構成する」ことができるのであれば、それはさらに根源的で「無限な」時間性としてしか、理解することはできないだろう。これについて「否定神学で語られる」否定と卓越の道（ウィア・ネガティオニス・エト・エミネンティアエ）が役立つかどうかについては、ここでは問わないことにする。

＊8　アリストテレス『自然学』第四巻第一四章二二三a二五。ほかにも第四巻第一一章二一八b二九〜二一九a一と、二一九a四〜六を参照されたい［ハイデガーはこの文章をギリシア語で引用している。邦訳は前掲の『アリストテレス全集』第三巻、一八六ページ］。

＊9　アウグスティヌス『告白』第一一巻第二六章［ハイデガーはこの文章をラテン語で引用している。邦訳は服部英次郎訳、岩波文庫、下巻、一二三ページ］。

＊10　反対にカントがヘーゲルと比較して、いかに時間を根源的に了解していたかについては、この論文の第二部の第一編で示すことにする。

565

第八二節　時間性、現存在、世界時間の実存論的かつ存在論的な連関を、時間と精神の関係についてのヘーゲルの見解と対比する試み

1227

精神と時間についての二つの問い

歴史はその本質からして精神の歴史であるが、これは「時間のなかで」経過していくものである。そこで「歴史の発展は時間のなかに落ち込む」[*1]ということになる。しかしヘーゲルは精神の時間内部性を一つの事実として指摘することでは満足しない。精神が、「まったく抽象的で感性的な」[*2]時間のなかに落ち込むことがどうして可能なのかを理解しようと努めているのである。

時間はいわば精神を受け入れることができなければならない。そして精神は時間およびその本質と親縁性のあるものでなければならない。そこでここでは第一に、ヘーゲルは時間の本質をどのようなものとして画定しているか、第二に精神が「時間のな

かに落ち込む」ことができるためには、精神の本質にどのようなものが属しているのでなければならないか、という二つのことを解明する必要がある。

この二つの問いにわたしたちが答えることは、ただ現存在を時間性として解釈するわたしたちの試みと対照させて、それを明瞭にすることだけを目的としている。ヘーゲルにおいてはこれらのすべてが必然的に結びついた問題となっているのであるから、わたしたちはこうした問題に相対的にでも、完全に考察しようとは試みない。ヘーゲルを「批判する」つもりなどはまったくないのであるから、なおさらのことである。

ヘーゲルの時間概念は、通俗的な時間了解のもっとも根底的な定式化であり、これまであまり注目されてこなかったことを考えると、わたしたちが提示してきた時間性の理念を、ヘーゲルの時間概念と対照させることは当然の試みなのである。

a ヘーゲルの時間概念

1228 ヘーゲルの時間論の場所

566

ある哲学の時間の解釈が、その哲学の「体系」のどのような「場所」で行われているかを調べることは、その哲学で主導的な役割をはたしている根本的な時間観を示す基準として役立つものである。通俗的な時間了解の詳しい主題的な解釈として伝えられている最初の考察は、アリストテレスの『自然学』において、すなわち自然の存在論の文脈で展開されている。そこでは「時間」は「場所」や「運動」と関連している。ヘーゲルの時間分析は、この伝統に忠実であり、『エンチュクロペディー』の第二部、すなわち「自然哲学」というタイトルのところにその場所を定めている。第二部の第一編は力学を考察している。その第一節は「空間と時間」の解明に捧げられている。この二つは「抽象的な相互外在」[*3]の関係にある。

429

1229　空間の真理としての時間

ヘーゲルは空間と時間をまとめているが、空間と「そして時間もまた」というような外面的な並列関係に置かれているわけではない。「哲学はこの〈もまた〉と闘うものである」。空間から時間への移行は、それらを論じている段落がつづいていることを意味するものではなく、「空間そのものが移行する」のである。空間は時間「である」。すなわち時間は空間の「真理」であるとヘーゲルは語る。[*4]

空間というものが、それである当のものにおいて弁証法的に思考されるならば、この空間の存在は、ヘーゲルによると時間としてあらわになる。それでは空間をどのように思考すべきなのだろうか。

1230　ヘーゲルの空間論

ヘーゲルは、空間は〈自然の自己外存在の無媒介な無差別性である〉[*5]と語っている。

その意味は、空間とは、その内部で区別されうるさまざまな点の抽象的な数多性であるということである。空間はこれらの点によって中断されることはないし、またこれらの点によって成立するわけでも、これらの点を繫ぎ合わせることによって成立するものでもない。空間は、区別されうるこれらの点によって区別されながら、それ自身としては無差別なままである。区別は、それが区別するものと同じ性格をそなえている。しかしそれにもかかわらず点は、空間のうちで何かを区別するものであるかぎり、

567 空間の否定であるが、それでも点はこうした否定として、それ自身はなお空間のなかにとどまるのである。というのも点は実際に空間であるのだからである。点は空間の他者として、空間の外に排除されるわけではない。空間は点の多様性の無差別な相互外在である。しかし空間は点ではなく、ヘーゲルが語っているように、「点性」[*6]なのである。これを根拠として、ヘーゲルが空間をその真理において、すなわち時間として考える次の命題が生まれるのである。

1231　ヘーゲルの空間と時間の理論の引用

「否定性は、空間に点として関係し、空間のうちで線と面としてのみずからの規定性を展開する。しかしその否定性は、自己外存在の領域においては対自的なのである。その領域において否定性の規定である。否定性は同時に、その否定を自己外存在の領域で定立するのであり、したがって静止的で相互の併存に無差別なものとして現れている。この否定性が対自的に定立されると、それは時間である[*7]」。

1232　空間と時間、および人間の思考

空間をたんに思い描いたとすると、すなわちさまざまな区別の無差別な存立のままで直接的に直観したとすると、さまざまな否定はいわば端的に与えられている。しかしこのように思い描くことは、空間をその存在において把握することではない。空間をその存在において把握できるようになるのは、思考のなかで、定立(テーゼ)と反対定立(アンチテーゼ)を経

て、これらを止揚する総合定立（ジュンテーゼ）が行われてからのことである。

さまざまな否定が単純にその無差別なままで存立するのではなく、それらの否定を止揚し、すなわちこれらの否定をさらに否定するときに、初めて空間が思考され、その存在において把握されるのである。こうした否定の否定、すなわち点性の否定において、点はみずからを対自的に定立し、こうした存立の無差別性から脱出するのである。

対自的に定立されると、点はみずからをほかのさまざまな点から区別し、もはやこの点でもなく、まだあの点でもないものになる。こうした点はみずからを対自的に定立するとともに、相互継起を定立して、そのうちに存在するようになる。これもやはり自己外存在の領域であるが、今では否定された否定の領域になっている。無差別性としての点性が止揚されたということは、もはや空間として「麻痺した静止」のうちにはとどまっていないことを意味している。

点は他のあらゆる点にたいして「威張り返っている」。この点性としての否定を、そのようにして否定することが、ヘーゲルによると時間である。もしもこの解明に、証明することのできるような意味があるとすれば、それは次のことを意味しているのでなければならない。すなわちそれぞれの点がみずからを対自的に定立するということは、〈今はここに〉、〈今はここに〉などと言うことである。どの点も、対自的に定立されるならば、〈今時点〉として「存在する」。「このようにして、点は時間において現実性をもつ」ことになる。

点がそのつど、ここにある点として対自的に定立することができるのは、そのつどの〈今〉によってなのである。点が〈対自的に自己を定立すること〉のできる可能性の条件が〈今〉である。このような可能性の条件が、点の存在を作りだす。そしてその存在とはすなわち、思考されていることである。このように、点性、すなわち空間の純粋な思考が、いつも〈今〉を、そして多くの〈今〉の自己外存在を「思考する」ので、空間が時間「である」ということになるのである。それではこの時間そのものはどのように規定されているのだろうか。

1233　〈今〉に基づくヘーゲルの時間論

「時間は、自己外存在の否定的な統一として、同時に端的な抽象的なもの、観念的なものである。——時間は存在であるが、それは存在することにおいて存在しない存在、そして存在しないことにおいて存在する存在、すなわち直観された生成である。ということは、端的に刹那的で、直接にみずからを止揚する区別が、外的なものとして規定されていながら、それと同時に、自分自身にとって外的な区別として規定されているということである」[*8]。

この解釈によると時間は「直観された生成」としてあらわになる。ヘーゲルによるとこの生成は、存在が無（ニヒツ）になること、あるいは無が存在になることである[*9]。生成は発生することであると同時に消滅することである。存在は「移行する」、あるいは非存在（ニヒトザイン）が「移行する」。これは時間については何を意味するのだろうか。時間の存在は〈今〉である。しかしどの〈今〉も、今はすでにもはや存在しないものであり、あるいは今しがたまで〈まだ存在していなかった〉ものであるから、今は非存在（ニヒトザイン）として捉えられる。

時間は「直観された」生成であるということは、時間は移行であるが、この移行は考えられただけのものではなく、〈今〉連続において端的に現れてくるものであるということである。時間の本質が「直観された生成」として規定されていることにおい

569
て明らかになるのは、時間が第一義的には〈今〉に基づいて理解されていること、しかも純粋な直観の眼の前に現れてくるような〈今〉に基づいて理解されているということである。

1234 ヘーゲルの時間論の前提

このように、ヘーゲルの時間解釈は、まったく通俗的な時間了解の方向のうちで動いていることは、長たらしい解明をせずにも明瞭なことである。ヘーゲルは時間を〈今〉に基づいて性格づけているが、そのことは、〈今〉の十全な構造が隠蔽され、平板化されていて、「観念的」にではあっても、眼前的に存在するものとして直観できるものであることが前提にされているのである。

1235 ヘーゲルにおける現在の優位

ヘーゲルが、第一義的に平板化された〈今〉を手掛かりとして時間を解釈していることは、次の命題が明らかにしている。「今は法外な権利をもっている。――これは個別的な今で〈ある〉にすぎない。しかしこの威張り返って、ほかのすべてのものを排除している今も、わたしがそれを言明したとたんに、消滅し、溶解し、飛散してしまう」[*10]。「さらに時間が今として存在する自然のうちでは、すでに述べた過去と未来という次元において存立している区別は成立しない」[*11]。「このために時間の積極的な意味においては、ただ現在だけが存在するのであり、その前もその後も存在しない。しかし具体的な現在は、過去の結果であり、未来を孕んでいる。こうした真の現在は永遠である」[*12]。

1236　ヘーゲルの時間論における点性の意味

ヘーゲルが時間を「直観された生成」と名づけるときには、時間においては発生も消滅も優位をもたなくなる。ところがヘーゲルは時間をときに「消尽の抽象」と呼び、そのようにして通俗的な時間経験と時間の解釈に、もっとも根底的な表現を与えているのである[*13]。他方でヘーゲルは首尾一貫したところをみせて、時間の本来の定義においては、消尽や消滅にはいかなる優位も認めていない。通俗的な時間経験では、この優位が正当にも維持されているにもかかわらず、これを認めないのは、ヘーゲルにはこの優位を、そして点の対自的な自己定立のさいに〈今〉が浮かび上がってくるという「事情」を、弁証法的に基礎づけることができなかったからだろう——この事情をヘーゲルは自明なものとして導入したのだったが。

570

だからこそヘーゲルは時間を生成として性格づけたときにも、この生成を「抽象的な」意味で理解したのであり、時間の「流れ」という表象を超えるようなものとして理解したのである。そこで、ヘーゲルの時間観をもっとも適切に示す表現は、時間を否定の否定、すなわち点性の否定として規定したことである。この規定において、〈今〉系列はもっとも極端な意味で形式化され、これ以上ないほどに平板化されている。[*14] そしてヘーゲルはもっぱらこうした形式的で弁証法的な時間概念から出発することで、時間と精神の関連を確立することができたのである。

571

b　時間と精神の関係についてのヘーゲルの解釈

1237　精神の本質

精神はみずからを実現するときに、否定の否定として規定された時間のなかに落ち込むとされている。これが精神にふさわしいことだと言いうるとすれば、精神そのものはどのようなものとして理解されているのだろうか。精神の本質は概念である。一般には概念とは思考の形式であり、類において直観された普遍的なもののことであるが、ヘーゲルにおいてはこれとは違って、概念とは自己を思考する思惟そのものの形式である。すなわち思考がみずからを、非我を把握する働きとして、観念的に把握することなのである。

非我を把握することは、ある意味では区別することであるが、この区別を把握する働きとしての純粋な概念のうちには、区別を区別するということがひそんでいる。このようにしてヘーゲルは、精神の本質を形式的かつ命題論的に、〈否定の否定〉と規定することができるのである。こうして「絶対的な否定性」は、デカルトが意識の本

433

572

質とみなした「わたしはわたしが事物を思考すると思考する」(1)について、論理的に形式化された解釈を示しているのである。

1238　自我と自由

このように概念とは、自己がみずからを概念的に把握しながら、概念的に把握されていることである。自己はこのように概念的に把握されたものとして、その本来のありかたで存在する。すなわち自己は自由なのである。「自我は概念として定在に到達した純粋な概念そのものである」[*15]。「ところで自我は、第一に純粋な、自己にかかわる統一であるが、直接にこのような統一であるのではなく、すべての規定と内容を無視して、自己自身との無制限な同一性という自由に立ち帰ることにおいて、このような自己にかかわる統一になる」[*16]。こうして自我は「普遍性」でありながら同時に、直接的に「個別性」である。

1239 精神の自由

この否定の否定は、精神にそなわる「絶対的に不安定なもの」であり、精神の自己啓示であり、この自己啓示は精神の本質に属するものである。歴史において自己を実現していく精神の「進歩」は、そのうちに「排除の原理」[*17]を含んでいる。しかしこの排除において、排除されたものは精神から切り離されることはなく、むしろそれは克服されるのである。精神の自由の特徴は、克服しつつ同時に耐えながら自己を自由にすることである。

そこでこの「進歩」というものは、たんに量的に増加することではなく、本質的に質的なものであり、しかも精神の質における進歩である。それは意識的な「進歩」であり、目標において自己を知っている進歩である。この「進歩」の一歩ごとに、精神は「自己自身を、みずからの目的にたいして真の意味で敵対的な障害として克服しなければならない」[*18]。精神の発展の目標は、「みずからに固有の概念を実現する」[*19]ことにある。発展そのものは、「自己自身にたいする無限の厳しい闘い」[*20]なのである。

1240　時間のなかに落ち込む精神

精神はこのように、自己をみずからの概念に導く発展のもたらす動揺のうちにあるのであり、これは否定の否定である。だからこそ、精神にとっては、みずからを実現しながら、直接的な否定の否定である「時間のなかに」落ち込むことがふさわしいことになる。というのも「時間は現にそこに存在し、空虚な直観として、意識において表象される概念そのものだからである。そのため精神が時間のなかに現れるのは必然的なことであり、しかもみずからの純粋な概念を把握して、時間を消滅させるまでは、時間のなかに現れつづけるのである。時間とは、外的に直観された自己であり、みずからを把握していない純粋な自己であり、たんに直観されただけの概念である」[*21]。このようにして精神はその本質からして、時間のなかに現れる。「こうして世界史とは一般に、時間における精神の解釈であり、それは理念が空間において自己を自然として解釈するのと同じことである」[*22]。発展の運動に含まれる「排除する」働きは、非存在との関係をうちに秘めている。それがまさに、自己主張していた〈今〉に基づいて理解された時間なのである。

1241　時間と概念

時間は「抽象的な」否定性である。時間は「直観された生成」であるから、直接に眼の前にみいだすことのできる区別された自己区別である。それは「現にそこに存在する」概念、すなわち眼前的に存在する概念なのである。時間は眼前的な存在者として、そして精神にとって外的なものとして、概念にいかなる威力も行使することができない。むしろ概念こそが「時間の威力[*23]」である。

1242　ヘーゲル批判

ヘーゲルは、精神が「時間のなかで」歴史的に自己を実現する可能性を示すために、精神と時間は、否定の否定という形式的な構造が同一であることに立ち戻る。このようにして精神と時間は、もっとも空虚で、形式的かつ存在論的な抽象に、形式的かつ

574

命題論的な抽象に外化されるのであり、これによって精神と時間の親縁性が確立できることになる。

しかしその反面、時間はまったく平板化されて世界時間という意味で概念的に把握されており、その由来がまったく隠蔽されているために、時間は眼前的な存在者として、精神とはまったく対立している。精神がどうしても、「時間のなかに」落ち込まざるをえないのはそのためである。しかしこの「落ち込む」こと、そして時間を支配している精神は本来ならば時間の外に「存在している」はずなのに、それが「実現される」ということが、存在論的にどのようなことを意味するのかは、暗がりに包まれたままである。

こうしてヘーゲルは、平板化された時間の起源を解明することはないし、否定の否定という精神の本質的な機構が、根源的な時間性に基づかずに、どのようにして可能になるかという問いを、まったく吟味しないのである。

1243 精神と時間の親縁性

へーゲルの精神と時間の解釈と、精神と時間との関連についての解釈が正当なものかどうか、そもそも存在論的に根源的な基礎の上に据えられたものかどうかということは、ここでは解明することができない。しかし精神と時間の関係を、形式的かつ弁証法的に「構成する」という試みがそもそも可能であったということそのものが、精神と時間のあいだに根源的な親縁性があることを明らかにしている。

へーゲルのこの「構成」の原動力となっているのは、精神の「具体相」を概念的に把握しようとする努力であり、闘いである。そのことを告げているのが、『精神現象学』の最終章の次の文章である。「だから時間は、それ自身においてまだ完成されていない精神の運命であり、必然性であるものとして現象する。——その必然性とは、意識において自己意識がますます大きく寄与するようにして、即自の直接性を、すなわち状態が意識においてとる形式を運動させ、その反対に即自を内面的なものという意味に解釈すれば、まだ内面的にしか存在していないものを、現実のものとして顕現させる必然性である。すなわち、それをみずからの確実性に取り返すように要求する必然性である」[*24]。

1244　精神が時間の中に「落ち込む」ということ

575

これに対してこれまでの現存在の実存論的な分析論では、事実的に被投された実存そのものの「具体相」から分析を始めた。そして時間性は、そうした実存を根源的に可能にするものであることをあらわにすることを試みた。「精神」はまず時間のなかに落ち込むのではなく、時間性の根源的な時熟として実存しているのである。この時間性が世界時間を時熟させ、この世界時間の地平のうちで、「歴史」が時間内部的な生起として「現象する」ことができるのである。〈落ち込む〉というが、「精神」が時間のなかに落ち込むのでなく、事実的な実存が頽落的な実存として、根源的で本来的な時間性から「脱落」するのである。しかしこのような意味での「脱落する」ことが実存論的に可能になるのも、時間性に属する時熟の様態によってなのである。

原注

＊1　ヘーゲル『歴史における理性――世界史の哲学への序論』（ゲオルク・ラッソン校訂版、一九一七年）一三三ページ。

＊2　同。[2]

＊3　ヘーゲル『哲学的諸学のエンチュクロペディー綱要』（ゲオルク・ボラント校訂版、レイデン、一九〇六年）第二五四節以下を参照されたい。この版には、ヘーゲルの講義で補った「補説」も含められている。[3]

＊4　同、第二五七節の補説。[4]

＊5　同、第二五四節［邦訳はヘーゲル『エンチュクロペディー』樫山欽四郎ほか訳、河出書房新社、一九八七年、二〇五ページ］。

＊6　同、第二五四節の補説。

＊7　ヘーゲル『エンチュクロペディー』（ホフマイスターの批判校訂版、一九四九年）、第二五七節を参照されたい。

＊8　同、第二五八節［邦訳は前掲書、二〇八ページ］。

＊9　ヘーゲル『論理学』第一巻第一篇第一章（ゲオルク・ラッソン校訂版、一九二三年）、六六ページ以下を参照されたい。
＊10　ヘーゲル『エンチュクロペディー』前掲書、第二五八節の補説。
＊11　同、第二五九節［邦訳は前掲書、二〇九ページ］。
＊12　同、第二五九節の補説。
＊13　同、第二五八節の補説。
＊14　平板化された〈今〉がこのように優位を占めていることからも明らかだが、ヘーゲルが示した時間の概念規定は、通俗的な時間了解の特徴に、そして伝統的な時間概念にしたがっているのである。ヘーゲルの時間概念が直接にアリストテレスの『自然学』から示唆されたものであることを示す証拠もある。ヘーゲルの教授資格論文と同時期に構想された『イエナ論理学』（ゲオルク・ラッソン校訂版、一九二三年を参照されたい）には、『エンチュクロペディー』の時間分析のすべての要点がすでに完成された形で示されている。
時間に関する章（二〇二ページ以下）を手短に吟味してみればすでに、それがアリストテレスの時間論を敷衍したものであることがあらわになる。ヘーゲ

ルはすでに『イエナ論理学』で、自然哲学の枠組みで時間論を展開しているのであり（一八六ページ）、その第一部には「太陽系」というタイトルがつけられている（一九五ページ）。ヘーゲルはそこでは、エーテルと運動の概念を規定した後に、時間の概念を考察している。空間の分析は、その後に行われる。すでに弁証法が使われているが、まだ後のような硬直した図式的な形式にはなっていない。弁証法はまだ、現象を柔軟に理解することのできる方法とされている。

カントに始まり、ヘーゲルの完成された体系ができあがるまでの段階で、アリストテレスの存在論と論理学がふたたび決定的に関与している。これは事実としては周知の事柄であるが、それがどのような道筋で、どのような形で影響したのか、それがどのような限界をそなえていたかについては、これまでのところは明確にされていない。ヘーゲルの『イエナ論理学』とアリストテレスの『自然学』および『形而上学』を具体的に比較しながら哲学的に解釈してみれば、これらの問題に新たな光が当てられることだろう。ただしここでの考察の目的では、次の点についてごく概略を指摘しておけば十分だろう。

アリストテレスは時間の本質をニューン（今）のうちにみいだし、ヘーゲルもまたそれを〈今〉のうちにみいだした。アリストテレスはニューン（今）をホロス（限界）と捉えており、ヘーゲルもまた〈今〉を「限界」と規定している。アリストテレスはニューン（今）をスティグメー（点）として捉え、ヘーゲルもまた〈今〉を点として解釈している。アリストテレスはニューン（今）をトデ・ティ（このもの）と規定し、ヘーゲルも〈今〉を「絶対的なこのもの」と呼ぶ。アリストテレスはそれまでの伝統にならってクロノス（時間）をスファイラ（天球）と関連づけており、ヘーゲルも時間の「循環」を強調している。アリストテレスの時間分析の重点は、これらのニューン、ホロス、スティグメー、トデ・ティのあいだに一つの基礎づけの関連づけ（アコルーテイン）をみいだそうとすることにあるが、ヘーゲルはただしこれについては見逃している。

空間は時間で「ある」というヘーゲルのテーゼとベルクソンの見解は、基礎づけに関してはあらゆる点で異なるものの、その結論は一致している。ベルクソンはたんにそれを逆転させて、時間は空間であると語っているだけである。ベルクソンの時間論も、アリストテレスの時間論を解釈することで生まれたものであることは明らかである。ベルクソンは『意識の直接与件』において、時間と持続の問題を提起したのだが、この書物の刊行は、ベルクソンの「アリストテレスの場所論」とほぼ同時期なのである。

このことは、たんに文献からみた外面的な結びつきにすぎないものではない。アリストテレスは時間をアリトモス・キネーセオース（運動の数）と規定している。ベルクソンはこれを考慮にいれて、時間の分析を行う前に数の分析を行っている。空間としての時間は、量的な継起なのである（『意識の直接与件』の六九ページ参照）。持続はこの時間概念と対比して、質的な継起と規定されるのである。

ベルクソンの時間概念や、現代のその他の時間論を批判的に検討する作業を本書で行うことはできない。現在の時間分析において、一般にアリストテレスやカントの時間論を超えた本質的な事柄が考察されているとすれば、それは時間把握と「時間意識」にかかわる考察であろう。

ここではヘーゲルの時間概念とアリストテレスの時間分析のあいだに直接的な連関があることを指摘したが、それはヘーゲルにおける「アリストテレスへの」依存を列挙することを目的とするものではない。アリストテレスとの類縁関係を指摘するのは、この類縁関係がヘーゲルの論理学に原則的に存在論的な意味合いがあることを指摘したいためである。

なお「アリストテレスとヘーゲル」問題については、ニコライ・ハルトマンの論文「アリストテレスとヘーゲル」(『ドイツ観念論の哲学に寄せて』第三巻、一九二三年、一～三六ページ)を参照されたい。

＊15　ヘーゲル『論理学』第二巻(ゲオルク・ラッソン校訂版、一九二三年)、第二部、二二〇ページを参照されたい［邦訳は『改訳 大論理学 下巻』武市健人訳、岩波書店、一四ページ］。

＊16　同。

＊17　ヘーゲル『歴史における理性——世界史の哲学への序論』前掲書、一三〇ページを参照されたい。

＊18　同、一三二ページ。

＊19　同。

＊20　同。

＊21　ヘーゲル『精神現象学』、全集第二巻、六〇四ページ(グロックナー版、六一

二ページ）を参照されたい［邦訳は金子武蔵訳、『ヘーゲル全集』第五巻、岩波書店、下巻、一九七九年、一一五四ページ］。

＊22　ヘーゲル『歴史における理性』前掲書、一三四ページを参照されたい。

＊23　ヘーゲル『エンチュクロペディー』前掲書、第二五八節を参照されたい［邦訳は前掲書、二〇九ページ］。

＊24　ヘーゲル『精神現象学』前掲書、六〇五ページを参照されたい［邦訳は前掲書、一一五四〜一一五五ページ］。

訳注

（1）ハイデガーはここをラテン語で cogito me cogitare rem と書いている。

（2）この二つの引用のところをまとめて訳しておく。「歴史の発展が時間のなかに落ち込むということは、精神の概念にふさわしいことである。時間には、否定的なものの規定が含まれる。それはわれわれにとっては一つの所与のようなものである。しかしその反対でもありうる。この否定的なものへの関係が時間なのであり、それはわれわれはこの関係を考えるだけではなく、直観するという意味においてである。時間はまったく抽象的なもの、まったく感性的なものである」。

（3）空間が相互外在であることについてヘーゲルは、「自然の最初の、あるいは直接的な規定は、自然の自己外存在の抽象的な普遍性、すなわちこの自己外存在の無媒介な無関心性、空間である。空間は自己外存在であるから、まったく観念的な相互共在であり、空間はまたこの相互外在がなおまったく抽象的で、一定の区別を自己自身のうちに有しないから、まったく連続的である」（ヘーゲル『エンチュクロペディー』第二篇第一部二五四節。邦訳は前掲書、二〇五ページ）と語っている。

また時間が相互外在であることについては、「時間は自己外存在の否定的統一として、これまた一つのまったく抽象的なもの、観念的なものである」（同、二〇八ページ）と語っている。なお、この訳書では、「補説」は訳されていないので、補説の部分には訳書の当該ページは示していない。

（4）ヘーゲルはここで「空間の真理は時間である、そこで空間も時間にたいして真理である」と述べている（G. W. F. Hegel, *Enzyklopädie der philosophischen*

Wissenschaften, II, Suhrkamp, p. 48）。

第八三節　現存在の実存論的かつ時間的な分析論と、存在一般の意味への基礎存在論的な問い

1245　さらに根本的な問い

これまでの考察の課題は、事実的な現存在の根源的な全体を、それが本来的に実存することも、非本来的に実存することもできるという側面に注目しながら、現存在の根拠そのものから、実存論的かつ存在論的に解釈することであった。そのための根拠となり、気遣いの存在意味としてあらわになるものが、時間性であった。このようにして現存在の予備的で実存論的な分析論が、時間性をあらわにする前に準備しておいたことが、いまや現存在の存在の全体性にそなわる根源的な構造のうちに、すなわち時間性のうちに取り戻されたのである。

576

根源的な時間のさまざまな時熟の可能性を分析したことで、以前はたんに「提示される」だけだったさまざまな構造に、これらの時熟の可能性によって「基礎づけ」が与えられたのである。ただし現存在の存在機構を取り出す作業は、一つの道にすぎない。わたしたちの目標は、存在の問い一般について詳細に考察することにある。そして実存の主題的な分析は、あらかじめ存在一般の理念を解明しておいた上で、その理念の〈光〉のもとで行われるべきなのである。

序論では、次のように指摘しておいた。「哲学は、現存在の解釈学から出発する普遍的な現象学的な存在論である。そして現存在の解釈学は、実存の分析論として、すべての哲学的な問いの導きの糸の先端を、この問いが生まれ、そして戻ってゆくところに、結びつけているのである」[*1]。この命題を、あらゆる哲学的な探求のための基準とし堅持するならば、これはなおさら重要なことである。[(1)]

もちろんこのテーゼはドグマのようなものとして妥当すべきものではなく、まだそこに「覆い隠されている」根本的な問題を表明したにすぎないものとみなすべきである。存在論は存在論的に基礎づけられるべきなのだろうか、それとも基礎づけのためには存在者的な基礎のようなものが必要なのだろうか、そしてどの存在者が、この基礎づけの機能を担うべきなのかという問いが、さらに根本的な問題なのである。

1246　存在論の新たな問い

実存する現存在の存在と、現存在でない存在者（たとえば眼前存在）との存在の差異について考えることは、きわめて納得できるもののように思われるが、これは存在論的な問題構成の出発点にすぎないものであって、哲学はそこで安らいでいることはできない。

古代の存在論が「事物の概念」を使って考察していたこと、そして「意識を物象化する」危険があったことは周知のことである。しかし「物象化する」というのはどういうことだろうか、それはどのようにして生まれるのだろうか。存在はなぜ「さしあたりは」、眼前的に存在するものに基づいて「把握され」なければならないのだろうか。もっと手近にある手元的な存在者に基づいて把握されないのはどうしてなのだろうか。

この物象化がつねに支配的なものとなってきたのはどうしてなのだろうか。物象化は意識にそぐわないと言われるのだが、それではこの「意識」の存在は「事物と異なる」どのような積極的な構造をそなえているのだろうか。そもそも「意識」と「物」の「差異」のような概念は、存在論の問題構成を根源的に展開するために、十分なものなのだろうか。これらの問いにたいする答えは、わたしたちの進む道の傍らにひそんでいるのだろうか。存在一般の意味への問いがまだ立てられておらず、解明されないままになっているかぎり、その答えを求めることすらできないのではないだろうか。

1247　存在の意味への問いを問う道

形式的かつ論理学的な「抽象」の手段によっては、存在一般の「理念」の起源と可能性を問うことは決してできないのであり、そのためには確実な問いの地平と答えの地平が必要とされるのである。存在論の基本的な問いを解明するための一本[2]の道を探し求め、それを歩むことが大切である。その道がただ一つの道であるか、それが正しい道であるのかという問いは、その道を歩んだ後で、初めて答えられる問いである。

577

存在の解釈をめぐる争いを調停することはできない。まだ焚きつけられてさえいないからである。結局のところこの争いは、「いきなり始める」こともできない。争いを焚きつけるには、それなりの準備が必要なのである。そしてわたしたちのこの探求は、すでにそのために途上にある。それではどこまで進んできたのだろうか。

1248　時間から存在へ

「存在」というようなものは、存在了解のうちで開示されている。そして存在了解は、了解であるから、実存する現存在に属するものである。存在は「現存在において」非概念的にではあっても、あらかじめ開示されているために、現存在が実存する世界内存在として、存在者に、世界内部的に出会う存在者にも、また実存するものとしての自己にも、かかわることが可能となっているのである。

それでは存在を開示しつつ了解することが、どのようにして現存在にふさわしいものとして可能になったのだろうか。この問いには、存在を了解している現存在の根源的な存在機構にさかのぼることで答えることができるのだろうか。現存在の全体性の実存論的かつ存在論的な機構は、時間性を根拠としている。そうだとすると、脱自的な時間性そのものの根源的な時熟のありかたが、存在一般の脱自的な投企を可能にするに違いない。この時間性の時熟の様態をどのように解釈すべきだろうか。根源的時間から、存在の意味へと、一本の道がつながっているのだろうか。時間そのものが、みずからが存在の地平であることを明らかにするのだろうか。

原注

＊1　本書、第七節、三八ページ［第一分冊、一六二ページ］。

訳注

（1）【欄外書き込み】「戻ってゆく」のところの欄外に、「だから実存哲学ではないのである」と書き込まれている。

（2）【欄外書き込み】「一本の」のところの欄外に、「その〈唯一の〉ではない」と書き込まれている。

『存在と時間　8』解説

『存在と時間８』解説　目次

第五章　時間性と歴史性

第七二節　歴史の問題の実存論的かつ存在論的な提示

存在一般と現存在の特異性

振り返ってみれば、本書の考察の目的は、ここで指摘されているように、「存在一般の意味への問いに答える可能性をみいだすことだけ」(1085)にあった。この存在「一般」という言葉には、現存在の実存という存在様式だけでなく、道具の手元的な存在という存在様式と眼前的な存在者の存在様式も含められている。

存在論の観点からみると、古代のギリシア哲学の伝統では、人間を動物とは異なる特別な生き物とみなして、独自の存在のありかたを重視した。一方では中世以来のキリスト教哲学の伝統では、人間を他の動物と同じような被造物とみなして、それを神という特権的な存在者の存在と対比してきた。

哲学的にはこのいずれの観点も受け継がれてきたが、とくに人間を他の動物と一緒に被造物とみなすという第二の観点は、生物だけでなく、天地にいたるまでの万物を神が創造した被造物であると考えるキリスト教の神学に依拠するものであり、西洋の哲学ではこの観点が主流となってきた。

本書はこうした哲学の伝統を打破しながら、存在論の根本的な概念である「存在一般」という観点を重視しながらも、人間に固有な存在様式を重視することを目指している。とくに現存在の実存という存在様式と、実存しない存在者の眼前的な存在様式を対比しながら明瞭に区別すると同時に、このように異なる二つの存在者の存在「一般」を考察するための視点を確保することを目指している。

その際に注意が必要なのは、キリスト教の神学のように神という超越的な視点を取ることは拒否したために、人間の存在の意味を理解するためには、人間という現存在の存在様式が、その他の動物や道具や事物の存在様式とどのように異なるかを探求しなければならないということである。そこで現存在が存在についてどのような了解をもっているか、すなわち現存在の「存在了解」が重要な意味をもつことになる。この現存在について「十分に根源的な解釈を行ってからでないと、この存在者の存在機構に包み込まれている存在了解そのものを概念的に把握することはできない」(1085)のである。

本書のこれまでの考察の欠陥

この現存在の「存在了解」を根源的に理解するためには、現存在の存在の時間的な構造を解明する必要があり、第四章ではそれが将来、既往、現在化の脱自的な統一にあることが解明されてきた。この時間性の考察は、「死への先駆」への決意性の考察という形で、現存在の〈終わり〉を中心とするものだった。しかしこれで現存在の存在の全体性を正しく捉えることができたかというと、大きな疑問がある。死はたしかに現存在の存在の終焉であり、その〈終わり〉を告げるものではあるが、現存在の存在の〈始まり〉である誕生を考慮にいれていないのである。そもそも「この誕生と死の〈あいだにある〉存在者だけが、求められている全体の姿を示す」(1087)ものだと言えるだろう。だからこれまでの考察では、「誕生と死のあいだにある現存在の伸び、広がりが注目されていなかった」(同)と言わざるをえないのである。

通俗的な見解の誤謬

この現存在の「伸び広がり」を考察するにあたって、まずは時間についての通俗的な見解を検討し、その問題点を明確にしておく必要があるだろう。こうした通俗的な見解では時間を瞬間的な「今」の連続と考える根深い傾向がある。そして誕生から死までの現存在の生涯の全体を、このような「今」連続の「持続」(1089)と考えようとするのである。この見解は、時間というものが「今」「今」「今」とつづいていくものであるという考え方、そして今ある体験だけが、「現実的な」ものであるという考え方に依拠している。この見解では「〈現実的〉に存在しているのはそのつど〈今〉においてだけであり、現存在は自分の〈時間〉における〈今〉の連続をいわば跳び移ってゆく」(同)と考えるものである。これは誰にも馴染みの考え方であるために、人々に訴えかける強い力がある。

しかしこのような見解には存在論的にみて、非常に重要な二つの誤謬が含まれている。第一にこの見解では、「今」の体験だけが現実的なものであり、現在は「今」の連続であるとみなしている。これは現在の時間性だけを重視して、将来と既往の時間性をまったく無視するという時間論的な誤謬を犯しているのである。第二にこの見解で「今」だけを重視するのは、現前するものだけが確実で現実的なものであり、既往や将来は「非現実的なもの」であるとみなすことである。この現前するものとは、眼の前に存在するもののことであり、現存在という実存する存在者を、眼前的な存在者と同一視するという存在論的な誤謬を犯しているのである。この見解では「現存在という存在者が〈時間のなかに〉眼前的に存在するものと想定されている」（1091）のであり、このような見解を採用するならば「真正な存在論的な分析を行うことができないだけではなく、問題として構成することすらできない」（1090）と言わざるをえないのである。

新たな視点

このような通俗的な見解の誤謬を批判した上で、ハイデガーは現存在の存在の全体性について適切な存在論的な視点はどのようなものであるかを検討していく。まず現存在が生きる時間を眼前的な「今」の連続とみる第一の見解を批判し、現存在は〈始まり〉としての誕生と〈終わり〉としての死の「あいだ」において、つねに断片的な「今」を生きているのではなく、現存在はこの誕生から死までの時間的な「伸び広がり」のうちで「自分自身を伸び広げている」(1092)と考えるべきであること、そしてこの「あいだ」はすでに現存在のうちに含まれていると考えるべきであることを指摘する。

第二に現存在は眼前的に存在する存在者ではなく、実存する存在者であるから、誕生や死という出来事は、それが「今」ではないという理由で、第二の見解で考えられているような「非現実的なもの」となっているわけではない。すでにニーチェの『ツァラトゥストラ』の考察で明らかにされてきたように、現存在は死を「いつか到来する〈残りのもの〉」(同)として、現在とは無縁の未来の出来事として予期しながら生きているわけではないし、誕生もまた「〈もはや眼前的に存在しない〉という意味で過ぎ去ったもの」(同)でもないのである。この二つの「非現実的な」時間は、現存在の時間に含まれているのであり、「事実的な現存在は、誕生したものとして実存しているし、誕生したものとしての現存在は、〈死に臨む存在〉であるという意味で、すでに死につつある」(同)と考えるべきなのである。

この二つの論点を総合的に考えるならば、現存在は「今」という時間を「今」連続の持続として生きているのではなく、気遣いする存在者として、将来から既往を統一した現在という時間に時熟する脱自的な時間性の時間を生きているのである。「誕生と死は、逃避的あるいは先駆的な〈死に臨む存在〉と被投性が統一されたものであり、すでに現存在にふさわしい〈連関〉を形成している」（同）のである。だからこそ「現存在は気遣いとして、その［誕生と死の］〈あいだに〉存在している」（同）と言うことができるのである。

生起について

このように現存在は気遣いとして脱自的な時間性の構造のうちに生きているが、この構造が動的な性格をもつことについてハイデガーは、眼前的な存在者の物理的な移動という意味での「運動」という概念ではなく、「現存在の〈伸び広がり〉」（1093）という概念によって考えることを提案している。「運動」という概念は、さまざまな事物が空間の中で時間的に移動することを意味するものであり、これを根源的な時間性のもとに実存する現存在に適用するのが不適切であることは明らかである。そのため、「あいだ」を生きる現存在の時間性の動性を表現するには、こうした運動の概念ではなく、現存在の時間的な持続性を表現することのできる「伸び広がり」という概念を選択したのである。

そしてハイデガーはこうした「〈伸び広げられながらみずから伸び広がること〉に特有の動性」（1093）を、「現存在の生起と呼ぶ」（同）と述べて、「生起」という新しい概念を提起する。生起（ゲシェーエン）するという語は、これまでは「起こる」という意味の動詞として使われてきたが、ここでは現存在が生きる「あいだ」という時間の動性とその持続性を示すために使われている。この生起の概念が第五章「時間性と歴史性」において重要な意味をもつようになったことには、二つの意味があると考えられる。

第一に、現存在の時間的な「伸び広がり」について考察することは、その持続性について考察することである。現存在のこうした持続性は伝統的に基体としての実体の概念や人格の自己同一性の観点から考察されてきた。しかしこうした観点が不適切なものであることは、第六四節においてすでに、こうした持続性については、基体としての実体のようなものではなく、「気遣いとしての現存在の存在の本来性」（959）に基づいて考察しなければならないことが指摘されてきた。この現存在の自立性は、「時間性に固有の一つの時熟のありかたである。生起の分析によって、わたしたちは時熟そのものを主題として探求するという問題に直面する」（1094）必要があるのである。

第二に、この章のテーマである歴史（ゲシヒテ）という語は、生起する（ゲシェーエン）という語から派生した概念であることも重要である。ハイデガーはこの章で、現存在の時間的な存在機構から、人類の歴史についての考察を展開しようとしているのである。そうした意図からは、「生起の構造と、その構造を可能にする実存論的かつ時間的な条件をあらわにすることは、歴史性についての存在論的な了解を獲得するという意味をそなえている」（1093）と言えるのである。

歴史性の概念

現存在の時間性の構造の動的な性格を示した「伸び広がり」という概念に依拠して提示されたこの歴史性の概念とその時間性との関連こそが、この章で中心的に考察されるテーマである。自己の持続性の背景となる「生起」の概念からは、現存在の脱自的な統一としての時間性の概念が再確認されることになる。現存在が「生起」として生きる時間的な「伸び」や「広がり」が可能となるのは、将来と既往の時間的な契機を統一する現在という時間の脱自的な構造が存在するからである。この問題を考察するには、「歴史性がどのように時間性に根差しているかを明らかにする必要がある」

（1095）のである。

これをハイデガーは、「歴史性そのものは、時間性に基づき、そして根源的には本来的な時間性に基づいて解明すべきである」（1096）と総括的に問題提起をする。この解明はもちろん「現象学的な構成」（同）によって遂行すべきであるが、そのためには「現存在の歴史の通俗的な解釈」（同）に抗して、しかもこうした通俗的な現存在の了解を手掛かりとして、解釈を遂行する必要がある。さしあたりは「歴史（ゲシヒテ）の通俗的な諸概念」（1097）を手掛かりとすることによって、「根源的な意味で〈歴史的なもの（ゲシヒトリヒ）〉と呼ばれているものが何であるかを明らかにする」（同）ことを試みることになるだろう。

そのためには、伝統的な解釈において混同されている二つの概念、「歴史（ゲシヒテ）」の概念と「歴史学（ヒストリエ）」の概念を区別し、「歴史的な（ゲシヒトリヒ）」の概念と「歴史学的な（ヒストリッシュ）」の概念を区別する必要がある。言い換えれば歴史を考察するためには、この二つの概念を区別しながら「歴史を歴史学的に開示する」（1099）ことが必要となるのである。ただしこの二つの概念の違いの考察そのものは、後の段階で行われることになる。ここでは現存在の時間的なありかたを歴史（ゲシヒテ）と歴史性（ゲシヒトリヒカイト）の概念で代表させ、伝統的な歴史と歴史学の概念を歴史学（ヒストリエ）の概念で代表させようとしていることだけを確認しておこう。

そこでハイデガーがディルタイの歴史の概念を考察した『カッセル講演』での説明を参照してみよう。この講演によると、歴史（ゲシェーエン）とは、「私たちそれ自身がそれであるような、また私たちがそれに居合わせるような一つの生起（ゲシェーエン）です」[1]と規定される。一方で歴史学（ヒストリエ）とは、「ある生起についての認識」[2]であり、歴史学的（ヒストリッシュ）とは「過去のことについて知らせることを可能にするような認識様式」[3]と規定される。

いずれ考察されるように、ヒストリエとしての歴史学は、現存在の生きた過去の生起としての歴史（ゲシヒテ）を探求する学問であり、人間の歴史性をすでに前提とする概念である。ヒストリエは、現存在の時間性の動性としての生起（ゲシェーエン）を前提とするものであり、この生起そのものを考察の対象としない。だからこそ、生起に基づいた歴史としてのゲシヒテこそが根底的な概念であり、これが歴史学の可能性を支えているのである。こうして本書の考察においては、ヒストリエとしての歴史学ではなく、生起の概念に依拠したゲシヒテとしての歴史と、ゲシヒトリヒカイトとしての歴史性の概念が考察の中心となるのである。

歴史性の概念――第五章の構成

この歴史性の存在論的な問題を考察するための土台となるのは、さしあたりは「歴史（ゲシヒテ）の通俗的な諸概念」（1097）である。まずは一般に「歴史」にとって何が本質的であると考えられているかを調べることで、「根源的な意味で〈歴史的なもの（ゲシヒトリヒ）〉と呼ばれているものが何であるかを明らかにすること」（同）ができるはずである。この問題は第七三節「歴史の通俗的な了解と現存在の生起」で考察される。

また「歴史性の実存論的な構成のための導きの糸となるのは、現存在の本来的な全体的な存在可能についてこれまで行われてきた解釈と、それに基づいて時間性として取り出した気遣いの分析である」（1098）。歴史性は現存在の気遣いに根差すものであるから、現存在は本来的な歴史性のうちに実存していることも、非本来的な歴史性のうちに実存していることもあるだろう。現存在の日常性とは、この非本来的な歴史性のうちで実存することであった。そして歴史的に実存するということは、「現存在がみずからの存在の根底において時間的に」（1100）実存するということである。すなわち現存在は将来の時間性については、先駆的な決意性のもとで〈終わり〉としての死に臨みながら、自己に固有の存在可能に直面しながら生きることで、本来的に実存することができた。それと同じように既往という時間性のもとでは、〈始まり〉としてのみずからの誕生という過去の歴史に本来的に立ち帰ることで、現存在は初めて歴史のうちで実存することができるようになる。この問題は第七四節「歴史性の根本機構」、第七五節「現存在の歴史性と世界－歴史」、第七六節「現存在の歴史性に基づく歴史学の実存論的な起源」で考察される。そしてこれらの視点を総括する形で、この問題が第七七節「歴史性の問題についてのこれまでの考察の提示と、ディルタイの研究およびヨルク伯の理念との関連」において、同時代の論争の枠組みで検討されることになる。

時間内部性の概念——第六章のテーマ

ハイデガーは現存在が「時間のなかに」生きていることから、現存在を「時間的な」存在と呼んだのと同じように、現存在は本来的であるか非本来的であるかを問わず、時間のうちでの生起を経験していることに注目し、これを歴史的なありかたとみなした。ハイデガーはこのありかたを「時間内部性」(1101)と呼ぶ。このテーマは第六章で検討されることになるが、このテーマは第五章と密接に関係している。「歴史性と時間性の連関を解明する作業は、〈時間内部性〉としての〈時間〉を、時間性に基づいて考察しようとする分析」(1101)に依拠したものとなるからである。

第七三節　歴史の通俗的な了解と現存在の生起

「歴史」という言葉の四つの語義

そもそも歴史(ゲシヒテ)という語が、実際に人類の歴史において起きた出来事、すなわち「歴史的な現実」(1105)を指すことも、こうした出来事について考察する学問としての歴史学(ヒストリエ)を指すこともあることは、すでに確認したとおりである。そしてこの節ではこの第一の意味での歴史的な出来事についての考察が展開される。

ハイデガーはこうした考察の手掛かりとして、通俗的な歴史の概念について、四つの語義から考察しようとする。「これらの言葉は多義的」(1104)だからである。こうした通俗的な概念は、諺や格言として表現されることが多いのであり、その語義や用法から、歴史について考察しようとするのである。

歴史についての第一の通俗的な概念は、「過ぎ去ったもの」という既往との関係を重視する用法にみられるものである。第二の概念は、とくに既往との関係が重視されず、ある事柄の「由来」を示す用法にみられるものである。第三の概念は、人間の集団や文化など歴史的な存在者の全体を指す用法にみられるものである。第四の概念は、伝承されてきたものを語る用法にみられるものである。

既往との関係を重視する概念

まず既往との関係を重視する第一の用法については、既往が現在に与えた影響を重視する用法と、既往と現在との抽象的な関係性を重視する用法がある。現在への影響を重視する用法には、消極的で欠如的な影響を強調する観点と、積極的な影響を強調する観点がある。「〈あれこれのものはもはや歴史に属している〉」（1106）という言葉はよく聞かれる。たとえば「大家族はもはや歴史に属している」と言われた場合である。この言葉は、かつては大家族がよくみられたが、今ではごくまれになっていることを意味している。大家族は過去のもの、「過ぎ去ったもの」であることを強調しているのである。この「過ぎ去ったもの」という言葉が意味するのは、「〈もはや眼前に存在しないもの〉であるか、あるいは〈まだ存在しているが、もはや「現在」には「影響」しないもの〉という意味である」（1106）ことは明らかだろう。ここでは現在にたいする過去の「欠如的な影響」（同）が強調されているのである。

あるいは「〈ひとは歴史から逃れることはできない〉」（同）という表現もある。ここでは「歴史とは〈過ぎ去ったもの〉ではあるが、まだ〈影響しつづけているもの〉のこと」（同）である。たとえば「現代の日本は、植民地時代に犯した罪の歴史から逃れることはできない」などと語る場合である。ここでは現在にたいする過去の「積極的な影響」（同）が強調されているのである。このどちらの表現も、「歴史」がたんに過ぎ去った昔のことを思い出させるのではなく、現在とのかかわりが重視されているという特徴がある。

このような現在への「影響」という観点からみた「歴史」の語の用法とは違って、現在との抽象的な関係性を指摘する用法もある。これはもはや現在との関係を直接にたどることができない歴史の出来事が語られる場合である。世界史年表などをひろげてみれば、古代から中世にかけてのアフリカの王国の歴史など、わたしたちの現在の生活とはほとんど関係がないとしか思えない遠い世界の多くの出来事もまた多く語られているのである。もちろん現代とそうした出来事の結びつきを辿ろうとすれば辿ることができるとしても、もはや過ぎ去った出来事にすぎないだろう。

あるいは過去の遺物であって、現在もなおその一部を目撃することができるものもある。ギリシア神殿の遺跡がその一例であって、わたしたちはたとえばシチリア島を訪問すれば、そうした遺跡を目の当たりにして、遠いマグナ・グレキアの時代に思いを馳せることができる。「この遺跡には〈過去の片鱗〉が、いまだにその遺跡とともに〈現在的なもの〉なのである」(同)。

「由来としての歴史」の概念

第二は、「由来としての歴史」という現在や未来との関係を重視する用法である。たとえば「お見合い」が「歴史的な意味のある風習」と言われたならば、それはお見合いにどのような歴史的な背景と由来があるか、そしてこの風習が未来においてどのような発展を遂げるかが問われているのである。あるいは「時代を画する出来事」と呼ばれる出来事は、現代におけるその出来事が、未来においても大きな影響を与える重要な「歴史的な事件」として回顧されるであろうことを意味する。

二〇一一年の東日本大震災は、その津波による被害の大きさだけではなく、原子力発電所の炉心溶融を起こし、東北地方の一部に深甚な放射能汚染をもたらした出来事として、「時代を画する出来事」と呼ばれるに値するだろう。これは「〈現在的〉でありながら、〈未来〉を規定するのである。この用法では歴史は、〈過去〉〈現在〉〈未来〉を貫く出来事の連関であり、その〈作用の連関〉である」(1107)のである。

人間集団の「変動と運命」を示す歴史の概念

第三は、自然と対比した形での人間の集団や、集団的な文化などの「変動と運命」を示す用法である。たとえばユダヤ民族の歴史と言えば、ユダヤ民族がディアスポラの運命をどのように経験し、どのように集団的なアイデンティティを維持しつづけたか、そしてどのようにして反ユダヤ主義の被害をこうむったかが考察されるのである。

伝承されたものを歴史とみなす概念と総括

第四は、伝承されたものが「歴史」とみなされることがある。ユダヤ教の伝承を伝えるタルムードやイスラーム教の伝承を伝えるハディースなどは、経典を支え、説明する文章として伝えられたものであるが、それ自体が一つの歴史となっているのである。

これらの四つの語義についてハイデガーは「共同相互存在のうちで、〈過ぎ去ったもの〉となっていながら、〈伝承されて〉、さらに影響を及ぼしつづけている生起が、とくに強調された意味での歴史と呼ばれる」(1110)と総括している。

現存在と歴史の関係

これらの四つの語義に共通しているのは、どれもが「出来事の〈主体〉としての人間にかかわる」(1111)ことである。しかし歴史と人間の関係についてはいくつもの考え方がありうる。まず、「現存在はあらかじめ事実的にすでに〈眼前的に存在〉していて、その後で〈ある歴史のうちに〉ときおり登場する」(同)という考え方があるだろう。これは人間の実存を無視した考え方であるが、通俗的な歴史の概念ではよくみられるものである。ローマ時代の歴史に登場する民衆を、時代物の映画をみるように、歴史のうちで名前を挙げられない無名の人々とみなすならば、それは人間を眼前的な存在者であるかのように考えるものであり、こうした誤謬に陥っているのである。

また「現存在はまずさまざまな事情や事件に巻き込まれて、はじめて歴史的になる」(1111)と考えることもあるだろう。これも同じような誤った見方であるのは明らかである。たとえば古代のローマにおいてカエサルの暗殺に立ち会った人々だけが、歴史的に存在するわけではないからである。

あるいは「生起がまず現存在の存在を構成し、現存在がその存在において歴史的であるからこそ、事情、事件、運命のようなものが存在論的に可能になる」(同)という観点もありうる。これが本書を貫く考え方である。存在論的に考えるならば、現存在が脱自的な時間性のうちで自分の人生の広がりのうちで、「自分自身を伸び広げている」(1092)という生起のありかたを経験するからこそ、歴史的な事件や運命が発生するのである。

過去の優位

このどの考え方を採用するとしても、歴史の語義において「過ぎ去ったもの」としての過去が優位にあることは間違いのないことである。歴史と時間性の関係を考察するには、この過去の優位について考察する必要があるだろう。

この問題を考えるために、ハイデガーは博物館に展示された椅子などの家具を実例としてあげる。たとえばドイツのヴァイマル郊外のイルム公園の「ガルテンハウス」には、ゲーテがかつて愛用していた騎馬椅子と立ち机が展示されている。ゲーテが立ち机を好んで使っていたことは有名だが、今になってみれば「骨董品」にすぎないこうした家具は、どのような意味で「歴史学の対象になることができる」(1113)のだろうか。

このことが問題になるのは、こうした家具はわたしたちの眼の前に存在している事物であり、現在もまだ存在しているからである。それでいてこれは「歴史的な事物」という意味をそなえているのだが、それはどうしてだろうか。それはこうした家具がまだ時間のうちに存在していて、日々古びていくからだろうか。しかしそれはわたしたちが毎日使っている家具も同じことであり、こうした時間のうちに存在するという事実は、それを歴史的なものとすることはない。それがもはや使われていないから「過去のもの」なのだろうか。しかし納屋の中に放り込まれた椅子は過去のものであるとしても、「歴史的なもの」ではないだろう。

だから古びているとか、現在において使われていないとかということは、あるものを「歴史的な」ものとする理由にはならないのである。それが「歴史的なもの」となったのは、それを使っていた現存在が生きていた世界がもはや「過ぎ去った」からである。一八世紀のゲーテの生きていた世界は、もはや現代の世界とはきわめて異質な別の世界となっているからである。

そうした椅子や机を、「かつては特定の道具連関に属するものとして、その世界の内部で手元的な存在者として」(1113)使っていた現存在が属する世界が、もはや過ぎ去ったものとなったために、こうした椅子や机は「歴史的なもの」とみなされるようになったのである。だから「まだ保存されている骨董品の歴史的な性格は、それらが所属していた世界を生きていた現存在の〈過ぎ去ったありかた〉に基づいたもの」(1114)なのである。

このように、過去の遺物が「歴史的なもの」とみなされるのは、その遺物が使われている「世界」が過ぎ去ったものとなっているからである。この過去になった世界は、もはや眼に見えないもの、捉えがたいものである。それでもこの椅子や机からみえてくるのは、過去の世界そのものというよりも、その世界のうちで実存していた現存在なのである。この世界は「〈現に既往して（ダ・ゲヴェーゼン）〉いた現存在の世界」(同)なのである。だから何よりも歴史的なものは、椅子や机そのものではなく、もはや捉えることのできなくなった世界でもなく、その世界のうちで〈既往において現在化していた（ダ・ゲヴェーゼン）〉現存在なのである。

そしてこのようにして現存在が〈歴史的なもの〉としての意味をもつことができるのは、現存在が時間的な存在であり、その存在のうちに既往の意味が含まれているからである。「現存在は、現在化しつつ将来をもつ現存在として、すなわちみずからの時間性の時熟において、既往的に存在している」（同）からなのである。現存在が時間的な存在であるからこそ、椅子や机などの遺物が、たとえばゲーテが生きていたその世界をまざまざと浮かび上がらせるものとして、「歴史的なもの」となることができるのである。

現存在と歴史性についての新たな問い

このようにして、現存在の時間的な存在という性格こそが、過去の遺物を「歴史的なもの」とするのである。ハイデガーは「現存在ではないが、それが世界に所属することに基づいて歴史的であるような存在者」（1116）を「世界-歴史的なもの」（同）と定義する。現存在そのものは「歴史的なもの」という性格をすでにおびているが、世界の道具類や人間を囲む自然もまた、この現存在の作りだした過去の世界に所属することによって、「歴史的なもの」という性格をおびるのである。

過去の歴史はこのような「歴史的な」現存在と「世界 - 歴史的な」事物で構成される。このように歴史の存在論的な考察から明らかになったのは、「根本において人間という現存在が歴史の第一義的な〈主体〉である」（1118）という、なかば当然なことだった。こうした歴史の存在論的な分析が終了した後に新たに問われるのは、このような歴史的な現存在が歴史を作りだすために果たしている存在論的で実存論的な役割がどのようなものなのかということである。「歴史性は、〈歴史的な〉主体［である現存在］の主体性を構成する本質的な機構であるが、それはどうしてそうなのか、そしてどのような存在論的な条件を根拠としているのか」（同）ということが改めて問われなければならないのである。

第七四節　歴史性の根本機構

先駆的な決意性に欠けているもの

　これまで歴史についてその存在論的な問題と実存論的な問題に分けて考えてきた。歴史の存在論的な問題とは、歴史とはどのような「存在であるか」を考察するものである。ところが実存論的な問題とは、歴史そのものは実存するものではないので、実は現存在の歴史性についての問題だった。現存在はいかに歴史的な存在として「実存するか」を問うのである。そこでこの節では「歴史の存在論的な問題が、実は実存論的な問題であることをあらわにする」(1119) ことを目指すことになる。

　現存在の本来的なありかたは、先駆的な決意性として規定されていた。第六〇節において「決意性」とは、「もっとも固有な負い目ある存在へ向けて、沈黙のうちに、不安に耐えながらみずからを投企すること」(894) であると定義されていた。ここではこの定義を引用しながら、さらに「これがみずからの本来的な決意性となるのは、先駆的な決意性であるときである」(1120) ことが確認されている。この先駆的な決意性とは、死への先駆において、現存在がみずからの存在可能に直面し、「自分自身がそれである存在者を、みずからの被投性において、全体として引き受ける」(1120)ことであり、これは「状況へ向かって決意する」(同)ことを意味する。

しかし問題なのは、この「死への先駆」による決意が保証できるのは、こうした決断の「全体性と本来性」(同)という形式的な側面だけであり、その決意の内容である「事実的に開示される実存のさまざまな可能性」(同)については、問うことができないということである。この「内容」を保証することができるのは、現在が世界のうちに投げ込まれている被投性の実際の状況だけなのである。この「状況」こそが、現存在の実存の事実性を示すものであり、決意の内容を示す「ある地平」(同)である。そしてこの実際の状況とは、「今」現在の状況であるよりも、これまでの歴史のすべての重荷を背負った現在の状況なのである。

言い換えると、「現存在は決意性によってみずからのもとに立ち帰ってくるが、現存在は決意性において、被投的な決意性として、ある遺産を受け継いでいる」(1122)のであり、この過去からの「遺産」こそが、現存在が実存する際に直面しなければならない「そのつどの事実的な可能性」(同)である。

というのも、現存在はただたんに今そこに生きているのではなく、世界のうちで、世界を作りだしてきた過去の伝統のもとで生きざるをえないからである。世界内存在としての現存在は、日常性のうちではこれまでの過去の遺産を受け継いだ世界のうちで生きながら、「ある〈世界〉に依存し、事実的には他者たちとともに実存している。現存在はさしあたりたいていは、自己(ゼルプスト)を世人(ひと)のうちに喪失している」(1121)からである。そして現存在は、こうした世人(ひと)のもたらした解釈を否定するのではなく、「こうした解釈に抵抗しながら」(同)、それでも「受け継がれたさまざまな可能性をみずから伝承する」(1122)ことで、「みずから選んだ可能性を決断においてふたたび摑み取る」(1121)しかないのである。

宿命と運命

決意性とは、このようにして「善きもの(ギューテ)」として受け継いできた「遺産」(1122)のうちから、[1]自己に与えられた可能性を選択することであり、それは「みずからにもっとも固有の卓越した可能性に基づいて、曖昧さなしにみずからを理解」(同)するということである。この自己理解が深まれば深まるほど、「それだけ曖昧さも偶然性もなく」(1122)なるだろう。ハイデガーはこのような現存在が伝承しなければならない「遺産」のことを、「宿命（シックザール）」と呼ぶ。この言葉は同じ語源をもつ「運命（ゲシック）」とは区別しなければならない。

どちらの言葉も、送るとか派遣するなどを意味するドイツ語の動詞シッケンを語源とするものであり、宿命（シックザール）という名詞は、この動詞に、「〜されたもの」を意味する語尾「ザール」をつけて作られた名詞であり、もともとは神からそれぞれの個人に「送られたもの」としての定めを意味する。ハイデガーはこの宿命という語について「本来的な決意性のうちにひそんでいる現存在の根源的な生起を意味している」(同)と説明している。

これにたいして「運命」(ゲシック)は、動詞シッケンの過去分詞から作られた名詞であり、前綴りのゲに集合や共同存在などの意味があることから、個人ではなく他者とともに分かち合う遺産のことを意味している。それぞれの個人には、自分に定められた宿命があるが、同時にそれぞれの個人は世界内存在としては、他者とともにある運命を背負うことになる。すべての現存在は「他者たちとの共同存在において実存しているのであり、現存在の生起は他者との共同の生起であり、運命という性格をおびる」(1124)のである。

ドイツ語の辞書では宿命(シックザール)には「神の摂理、運」という訳語をつけている。個人にたいして神が定めた摂理がシックザールと言えるだろう。また運命(ゲシック)には「運命、めぐり合わせ」という訳語をつけている。個人が他の人々とともに分かち合う「めぐり合わせ」がゲシックと言えるだろう。ハイデガーの採用した用語では、シックザールとしての宿命は、個人が受け継ぐ遺産であり、ゲシックとしての運命は共同体が受け継ぐ遺産であると考えればよいだろう。

ハイデガーはこのように「宿命」が個人の伝達したものであるのにたいして、「運命」は共同体が伝承するものであることを強調する。これは「共同体の生起」(同)であり、「民族(フォルク)の生起」(同)である。この運命には二つの重要な特徴がある。一つはそれが共同体的なものであるために、「運命の力は、伝達と闘争のうちで初めて自由に発揮される」(同)ということ、もう一つはそれが「世代」とのかかわりのうちで発揮されるということである。なお本書で「民族(フォルク)」の語が使われているのはここだけであり、本書の理論的枠組みでは、一九三〇年代にみられたドイツの排外主義的な流れとの結びつきはまだ明確にはなっていない。

宿命の特徴

宿命(シックザール)については、ハイデガーは八つの重要な規定を示している。第一は、現存在は「宿命的な存在」(1123)であるということである。現存在はその誕生において、すでにある「運」のうちにある。豊かな国の豊かな家庭に生まれるという幸運にめぐまれるか、途上国の貧しい家庭に生まれるという悪運に見舞われるかは、現存在が世界のうちに投げ込まれた存在であるかぎり、みずから選択することはできない。「現存在は宿命のさまざまな転変に見舞われる」(同)定めにあるのである。

第二は、定義から明らかなように、宿命は個人の実存における先駆的な決意性の現れである。現存在は実存する存在者として、偶然の残酷さによって与えられた宿命をただ受け入れるだけでなく、その宿命のもとでみずからの生き方を選択する決意をもつことができる。この決断を下すことを拒んだひとは、宿命から逃れることができず、宿命がもたらす「さまざまな事情や事件」(同)にただ追い回されるだけになることだろう。これにたいして先駆的な決意性のもとで決断したひとは、宿命に追い回されるのではなく、それを「所有する」(同)ことができる。

第三は、このように決断することで現存在はみずからの自由を誇示し、宿命を「所有」することができるのであるが、この自由は両義的なものである。まず現存在は先駆的な決意性によって「死にたいして開かれて自由に」(1124)なることができ、この自由を行使する力を発揮することで、自己を理解する。ただし現存在の選択可能な存在可能がかぎられたものであるために、この自由もまた「有限な自由」(同)にすぎない。この「有限な自由は、選ぶべきことをみずから選びとっていることのうちに、そのつど〈存在する〉だけのもの」(同)である。現存在はこの自由のうちで、世界における自分の被投性と「無力さ」という「不自由」を引き受けざるをえなくなる。逆にそれを「引き受け」ることによって現存在は自己について、「開示された状況のさまざまな偶然について」(同)洞察できるようになるだろう。現存在は宿命においては「無力ではあるが、逆境を覚悟して」(1125)いることができる。

第四に、この宿命の力は現存在の先駆的な決意性のもとで初めて発揮される。このことをハイデガーは、先駆的な決意性の定義をそのまま反復しながら、次のように表現する。宿命の力は、「〈固有な負い目ある存在へ向けて、沈黙のうちに、不安に耐えながらみずからを投企すること〉から生まれる」(同)のである。現存在がこのように先駆的な決意性をもつことができるために必要とされるのは、「気遣いという存在機構であり、すなわち時間性」（1125）である。

第五は、現存在が先駆的な決意性のもとに決断を下すことができるのは、現存在が時間的な存在だからであり、宿命もまた現存在の時間性と密接な関係があるということである。それぞれの個人に与えられた宿命が可能となるのは、「本来的な時間性が、同時に有限である」（1126）ことによってである。ということは「将来的なものとして等根源的に〈既往しつつ〉存在している存在者だけが、相続された可能性をみずから自身に伝承しながら、みずからに固有の被投性を引き受けて、〈自分の時代〉にたいして〈瞬視的に〉存在することができる」（同）ということである。

ここで「相続された可能性をみずから自身に伝承しながら」という表現には、二つの意味が重ねられていることに注意が必要だろう。一つは「みずからに固有の被投性を引き受けて」、自己の誕生以来の個人の歴史を踏まえて決断を下すということであり、そこでは誕生から今の瞬間までの「伸び広がり」を踏まえることが示されている。もう一つは「自分の時代に対して瞬視的に存在する」ということであり、これは決意する個人だけではなく、世代の一員としてそれまでの共同体の歴史を踏まえることが示されている。ここで個人の誕生以来の伝承された歴史と、共同体の過去の遺産を伝承してきた歴史とが重ね合わせられるわけである。個人の宿命は共同体の運命によって規定されているのであり、その遺産を無視して恣意的な決断を下すことはできないのである。

第六は、宿命をみずからに与えられたものとして受け入れるということは、過去において存在していた現存在のさまざまな可能性のうちに立ち戻るということである。これをハイデガーは「反復」（1127）と呼ぶ。現存在が先駆的な決意性のもとで選択するもっとも固有な存在可能というものは、将来に向かって開かれているのであり、その将来へのまなざしの消失点が死であるのだが、こうした存在可能は同じような状況に生きた過去の歴史的な現存在にとっても同じように選択可能となっていたものであり、反復されうるものであることが多いのである。

ただしこうした「反復すること」は、たんに過去において可能であったものを、現在において再び現実的なものとしようとすることではない。現存在は既往においても同じように存在していたこうした存在可能を選択するにあたって、過去に存在していたある特定の現存在の選択を摸倣することができるのであり、こうした特定の現存在を自分の「英雄」として思い描くことができる。「かつて既往していた実存の可能性を本来的に反復するということは、現存在がみずからの〈英雄〉を選ぶということであり、これは実存論的には、先駆的な決意性に依拠したものである」（1127）。

第七は、宿命はこのように現存在にとって時間的な意味をもつものであると同時に、現存在の既往における「遺産」を伝承するものであるため、現存在の歴史性と密接に結びついたものであるということである。すでに述べたような反復が可能となるのは、現存在が歴史的な存在者だからである。「現存在は反復において初めて歴史的になるのではない。現存在は時間的なものとして歴史的であるからこそ、みずからの歴史において反復しながら自己を引き受けることができる」（1128）のである。

第八は、宿命において重要な時間的な契機は将来であるが、現存在の歴史性との結びつきのために、宿命においては既往の要素もまた重要な意味をそなえているということである。というのも現存在は先駆的な決意性において宿命をみずから伝承し、選択するのであるから、反復にあたっても将来の時間的な契機が重要な意味をもつことになるからである。過去の英雄をみずから選択するということは、将来に向けて決意するためであり、選択において重要なのは将来である。

ただし歴史的なものを反復する宿命において、既往の契機が重要なものとなることは避けられない。ハイデガーはその理由を次の二点から指摘している。第一は、先駆的な決意性において現存在が決断を下すための背景となるのは、過去の歴史的なものだからである。「現存在の特徴的な可能性である〈死〉が、先駆的な実存をみずからの事実的な被投性に投げ返すのであり、それによって初めて歴史的なもののうちで既往的なもののありかたに独特な優位を与える」(同)ことになるのである。歴史的なものは、現存在の被投性を規定するものであり、現存在の存在可能もまたこうした被投的な歴史性に規定されているのである。第二に、現存在は選択するにあたって将来を目指しているのであるが、その将来を目指す選択は、伝承と反復という既往的な要因によって規定されざるをえない。そこから「将来のうちに根差している伝承と反復という二つの現象によって、本来的な歴史の生起が、その重みを既往のうちにもっている」(1130)理由が明らかになるのである。

本来的な歴史性と非本来的な歴史性

このように現存在は先駆的な決意性のもとで選択を行うのであるが、その選択は現存在の被投性と既往の重みによって規定されている。このような歴史性をハイデガーは「本来的な歴史性」(1130)と呼ぶ。現存在は将来の自己におけるもっとも固有な存在可能の実現を目指して現在において選択をするのであるが、その選択の範囲と内容は現存在の既往によって規定されている。それが現存在の本来の歴史性である。現存在はこの被投性と歴史性に基づいて、将来の自己の存在可能に向けて選択を下すのである。

ところが被投性のうちにあって、日常生活において世人の一人になっている現存在は、現存在の非本来的な歴史性によって導かれているために、その「〈生の連関〉への問いの方向」(1131)がこうした選択を規定していることも考えられる。その場合にはそうした非本来的な歴史性が「本来的な歴史性への接近を拒み、それに固有の〈連関〉への道を塞いでいる」(同)ことも十分に考えられるのである。次の節ではこのような非本来的な歴史性について重点的に考察することになる。

第七五節　現存在の歴史性と世界－歴史

現存在の頽落の二つの側面と歴史性

この節の中心的なテーマは非本来的な歴史である。先駆的な決意性のもとにある現存在が、将来から既往を経て現在において決断を下す実存の本来的なありかたをしているときに、その現存在が自己の本来的な歴史を生きるのだとすると、現存在が非本来的なありかたをしているとき、すなわち頽落しているときには、現存在の生きている歴史は当然ながら、非本来的なものとなるだろう。

すでに頽落は日常性に生きる現存在にとっては前提となるようなものであることが指摘されてきた。通常は現存在は頽落して生きているのである。この頽落としては、二つの側面が考えられるが、どちらも本書の重要なテーマにかかわるものである。

一つは、現存在は配慮的に気遣う手元的な存在者に囲まれて生きているという側面である。「わたしたちは個々の現存在の暮らしむきの進捗、停滞、移り変わり、〈収支〉などをさしあたりは配慮的に気遣われるものの進み方、休止、変化、利用可能性などに基づいて計算する」（1132）のである。現存在は自分の生活のためにさまざまな事物に配慮しながら生きているのであり、反対にこうした事物のほうから自分を理解するようになる。この「理解とは、世界内存在のそのつどの可能性に向かって自己を投企することであり、こうした可能性において実存することである」（同）。

これは非本来的な実存であるが、世界内存在としての現存在は、事物に配慮的な気遣いをするうちで、やがては自分もこうした配慮的な気遣いの対象と同じような存在だと考えてしまいかねない。「現存在はさしあたりたいていは、環境世界的に出会い、目配りによって配慮的に気遣うものに基づいて、みずからを理解」（同）するようになるのである。実存する現存在が、実存する存在者でない事物のほうから自分を理解するようになる。これが頽落の一つの重要な側面である。そして頽落のこうしたありかたは、歴史についての現存在の理解に当然ながら影響を与える。「非本来的に実存している現存在は、配慮的に気遣ったものごとのうちから、初めて自分の歴史を計算する」（1135）ようになってしまう。

第二は、現存在は世人（ひと）として頽落しているという側面である。現存在はつねに本来的に実存し、死への先駆において決断しているわけではない。現存在が真の意味で実存するようになること、これは本書で現存在に託している理想のようなものである。良心の呼び掛けに応えて、みずからの負い目を意識して、決断を下すようになることは、日常的な現存在にすぐに期待できることではない。

ハイデガーはこのような頽落のありかたは、現存在が単独者ではなく、他者とともに共同相互存在していることによって生まれることが多いと考える。他者とともに生きるこの世界において現存在は「〈業務〉とか、仕事とか、事故や災害なども出会う」（1132）のである。いやむしろ、世界におけるこのような仕事や出来事との関係においてこそ、現存在の一生は構築されると言うべきだろう。現存在は日常の暮らしに忙殺されているのがふつうなのである。この日常生活において現存在は「世人（ひと）という非本来的な実存」（同）のうちに生きているだろう。現存在は世人（ひと）の一人であり、「この公共的な相互性のうちで現存在は、〈世人自己（マン・ゼルプスト）〉が他者と〈ともに泳ぎ回って〉いる営みにおいて、他者と出会う」（同）のである。これが頽落の第二の重要な側面であり、現存在の歴史理解はこうした公共的な相互性に大きな影響を受けることになる。

「歴史」の伝統的な考え方

この頽落についての考察は、これまでの基礎存在論の考察を再確認したものであるが、ここで問題なのはこのような頽落した非本来的な実存の積み重ねが、ふつうに考えられている「歴史」を構築するとみられることである。この「歴史」もまたこの頽落の二つの側面から考えられる。一つは現存在の配慮の対象となるさまざまな事物が、現存在とは独立した存在と歴史をもつことである。現存在が世界で出会うこれらの「世界内部的な存在者」(217)、そして「世界内部的な存在者が露呈されていること」(1133)は、それぞれに固有の「宿命」と「歴史」をそなえている。「歴史的な世界内存在の実存とともに、手元的な存在者や眼前的な存在者が、そのつどすでに世界の歴史のうちに引き込まれているのである」(同)のであり、さまざまな道具や書物、あるいは建造物や制度なども、独自の歴史があり、「それぞれの〈宿命〉をそなえている」(同)のである。

第二に、現存在の全体性は、誕生から死にいたるまでの歴史的な時間によって規定されていることはすでに確認されてきたことだが、現存在は世界において単独者として生きるものではなく、世人(ひと)として頽落のうちに他者とともに存在する存在者である。

そして一般に「歴史」というものは、このような他者の歴史として理解されることが多いのである。

世界－歴史と世界－歴史的なもの

ここで注意したいのは、一般に人間の歴史とは独立しているとみなされる自然そのものも、歴史のうちに含まれるとハイデガーが考えていることである。わたしたちが住んでいる都市にも自然という側面があるだけでなく、「風土、移住地、開拓地として歴史的であり、さらに戦場や礼拝の場所として歴史的」（同）なのである。

人間が手を触れていない純粋な自然などというものは世界にほとんど存在しない。手つかずの原生林もヒマラヤなどの高山も、実際には宗教的な聖地であったり、観光や登山の場所であったりする。これらは「事実的に実存する世界とともに、そのつど世界内部的な存在者が露呈されていることに基づいて、手元的な存在者と眼前的な存在者の世界内部的な〈生起〉をも意味している」（同）ものとして、「世界－歴史」を構築するのである。ハイデガーは手元的な存在者と眼前的な存在者だけでなく、この種の特別な存在者も含めて、すべてを「世界－歴史的なもの」（同）と呼ぼうとする。

このように頽落している日常的な存在者としての現存在は、他者とともに実存しながら伝統的な世界の歴史を構築するのであるが、この世界史には、道具などの手元的な存在者や自然などの眼前的な存在者も、そして自然一般も、「世界-歴史的なもの」として含まれているのである。

そのようなわけで現存在はみずからの実存の歴史性についても、この「世界-歴史的なもの」の観点から理解しようとしがちである。「事実的な現存在は頽落しながら配慮的に気遣ったもののうちに没頭しているために、現存在はみずからの歴史もまた、さしあたりは世界-歴史的に理解している」(1134)のである。そして通俗的な存在了解では、存在論的には人間を世界のさまざまな生き物とも事物とも区別せず、「眼前性」(同)として理解しているために、「世界-歴史的なものの存在も、到来し、現前し、消滅していく眼前的なものという意味で経験され、解釈される」(同)ことになる。

本来的な歴史性と非本来的な歴史性

このようにして現存在が頽落のうちにあるために、現存在は歴史を本来の意味で理解することなく、また本来の意味で生きることもなくなっていく。そのため「存在論的な根拠のある問題という形で提起しようとするときに、現存在の本来的な歴史性である宿命と反復によっては、どうしても現象的な土台を提供することができない」（1136）ことにならざるをえない。

そして自分が生きる時間の意味も、歴史的な意味も理解することができず、「現存在は、気を散らした状態から、いわば事後的に初めて自己を取り集め、その取り集めたものに包括的な統一を案出しなければならないと考えるほどに、自己を喪失してしまう」（1137）のである。このように現存在は「世人（ひと）と世界－歴史的なもの」（同）へと自己喪失しているのであり、それが「死に臨んでの逃走であることは、すでに明らかにしてきた」（同）とおりである。

この自己喪失は過去の歴史の忘却につながる。「世人（ひと）は、既往した世界－歴史的なもののうちに残存する〈現実的なもの〉、すなわち遺物やそれについて眼前的に存在している情報を保有しているだけである。世人（ひと）は、〈今日〉を現在化することだけに専念して自己を喪失しており、〈過去〉は〈現在〉から理解するのである」（1139）。そして「非本来的な歴史的な実存は、自分でも見分けることのできなくなった〈過去〉の遺物の重みを負いながら、〈現代的なもの（ダス・モデルネ）〉を追い求めている」（同）のである。

これとは対照的に、現存在が先駆的な決意性のうちにあるとき、現存在は「この〈死に臨む存在〉を本来的な実存のうちにもたらす」(1137)ことになるだろう。そして現存在の歴史性は本来的な歴史性となっているだろう。すでに現存在は誕生と死のあいだの「伸び広がり」(同)という不断のありかたをしつつ生きていることが確認されていた。この「伸び広がり」の動性のうちに実存している現存在は、「誕生と死とこれらの〈あいだ〉を、宿命としてすでにみずからの実存のなかに〈取り入れて〉保持」(同)しつつ実存している。このような不断のありかたのうちに生きる現存在は、「そのつどの状況における世界-歴史的なものに向かって、瞬視的に存在」(同)することによって、みずからの本来的な実存を生きているのである。

この本来的な歴史性の時間的な規定はどのようなものだろうか。このとき「現存在はさまざまな既往的な可能性を宿命的に反復しながら、自分よりも前に、すでに既往していたもののところに〈直接的に〉、すなわち時間的に脱自的に、みずからを連れ戻す」(同)だろう。「本来的な歴史性の時間性は、先駆しながら反復する瞬視であるから、〈今日〉を脱現在化して、世人の習慣から脱却する」(1139)のである。それによって現存在は可能性に向かって開かれることができる。それは「本来的な歴史性は、歴史というものは可能なものが〈回帰〉してくることだと理解しており、そうした可能なものが回帰してくるのは、実存が決断した反復のうちで、宿命的かつ瞬視的に、可能性に向かって開かれているときだけであることを知っているのである」（同）からである。

ハイデガーはこのように現存在の本来的な実存と非本来的な実存を基礎として、本来的な歴史と非本来的な歴史の違いを明確にする。この区別に基づいて、次の節では、どのようにして「学問としての歴史学が、現存在の歴史性からどのように存在論的に成立してきたか」（1140）を考察することを試みるのである。

第七六節　現存在の歴史性に基づく歴史学の実存論的な起源

歴史学の探求の課題

この節の課題は、現存在の歴史性に基づいて、一般に人類の「歴史」を考察する学問とされている歴史学（ヒストリエ）という学問が「どのようにして現存在の存在機構から誕生してくるのかについて、存在論的な可能性を問う」（1141）ことにある。現存在の歴史性ともっとも関連の深い学問である歴史学は、「現存在の歴史性を前提条件としている」(1141)について解明すれば、「現存在の歴史性の性格と、それが時間性に根差している」(同)ことをさらに明確に示すことができるはずである。

そしてこの歴史学と現存在の歴史性との関係を解明するということは、「方法論的には、歴史学の理念を、現存在の歴史性に基づいて、存在論的に構想するということ」(1142)を意味することになる。この理論の考察は、次の第七七節でディルタイとヨルク伯の交流について紹介することで、さらに深められるはずである。

既存の歴史学の理念

すべての学問の理念には、何を主題とするかについての規定が前提条件となる。歴史学の主題は人類の過去であるという一般的な考え方に依拠するならば、この「〈過去〉というものが開示されていなければ、歴史を歴史学的に主題化することはできない」(1143)のは当然であろう。しかしこの「過去」という時間がどのようなものか、過去の「資料」というものをどのように利用すべきかは、歴史学の内部ではあまり問われることがない。しかし現存在の時間性という問題構成からは、このように歴史学の内部で問われない問題こそが重要となる。

　最初に歴史学という学問の可能性の条件として、現存在の事実的な存在が必須であることを確認しておこう。「現存在が世界内存在として事実的に存在するからこそ、そのつど世界－歴史も存在するのである。現存在がもはや〈そこに現(ダー)に〉存在しないならば、世界もまた〈そこに現に既往していたもの〉として存在するようになる」（1145）のである。現在において存在する現存在が、自分たちがもはやそこに現に存在しない既往について理解しようとするまなざしを向けることで、歴史学が成立する。「歴史学は、〈世界内に既往していた存在〉を、その可能性から具体的かつ単純に理解」（1148）することを目指すべきなのである。

　ところで既往という時間は、もはや眼前的に存在することはない。現存在がこの過ぎ去った時代について考察しようとするならば、「まだ眼前的に存在しているさまざまな遺跡、記念碑、報告など」（1146）を利用せざるをえない。これらは「そこに現に既往していた現存在を具体的に開示するために可能な〈資料〉」（同）なのである。しかしこれらの資料も、たんに過去の時代における現存在の「実際のありかた」（1147）

によって生まれた「事実」を示すものとして、安易に取り扱うべきではない。無数にある資料からどのような資料を「資料」として扱うか、どのような観点から扱うかということは、その資料を扱う歴史学者の現在における生き方が重要な意味をもつ。「歴史学者の実存の歴史性こそが学問としての歴史学を根拠づけている」(1146)と考えるべきなのである。

これは歴史を研究する歴史学者に求められる要件であるが、歴史の対象となる既往の現存在の解釈については別の要件が求められる。すでに「反復」という方法が、既往の出来事を現在において「繰り返す」ものではなく、既往の現存在をその本来的な存在可能と実存のありかたから理解するということであることが強調されてきた。そのさいに「そこに現に既往していた現存在を、この既往的で本来的な可能性において理解するということ」(1147)、そして「そこに現に既往していた現存在を、そのもっとも固有な実存の可能性に基づいて投企すること」(同)を目指さねばならないだろう。

このことは、「歴史学的な開示も、やはり将来から時熟する」(1149)と考えねばならないということである。「何を歴史学の対象とすべきかを〈選ぶ〉作業は、現存在の歴史性の事実的で実存的な選択のうちで、すでに遂行されている」(同)のである。

不適切な歴史学の立場

人間の歴史性についてはこのような現存在の実存の時間論的な考察に基づいた探究が求められるのであるが、こうした考察を経ていない歴史学には、いくつかの不適切な傾向が生じるのは避けられない。第一の傾向は、普遍的な客観性を重視する傾向である。こうした傾向からみると、現存在の時間性と歴史性を重視した「反復」の手続きは「主観的な」(1150)ものにみえるのであり、主観主義という批判が向けられることになる。というのも、そうした歴史学の背後には世人(ひと)の観点が存在していて、それが歴史学の「客観性」を要求することが多いからである。「世人(ひと)とその常識は、その学問における判断基準の〈普遍妥当性〉を要求し、その学問が〈普遍性〉を主張できるものであることを要求する」(同)のである。

しかし学問の客観性とは、歴史を考察する歴史学者の実存のありかたを「主観的なもの」として否定することによって確立できるようなものではない。「ある学問の客観性は第一義的には、その学問の主題とする存在者を、その存在の根源的なありかたにおいて、隠蔽することなく理解へともたらすことができるかどうかによって決まる」(1150)のである。

第二の不適切な傾向は、こうした世人の客観主義を否定するあまり、主観主義的な見方をすることを好むことである。そうした傾向に陥りがちな歴史学者は、「初めからある時代の〈世界観〉のうちに身を〈投じて〉しまう」(1151)のであるが、それは歴史を本来的に理解する方法ではなく、歴史的な「対象をたんに〈美的に〉理解しているにすぎない」(同)だけかもしれないのである。

第三の不適切な傾向は、歴史主義である。これは二〇世紀のドイツで重要な役割をはたした歴史学の傾向で、歴史学には自然科学とは独立した学問的な地位と価値があることを主張するものである。ディルタイなどもこうした歴史主義の立場を半ば肯定していたのである。この立場については次に検討するニーチェがすでに批判を展開していたが、ハイデガーもこうした歴史主義は、「現代の歴史学に、現存在をその本来的な歴史性から疎外させる傾向があることを示す明瞭な兆候」(1152)とみて、問題としているのである。

ニーチェの三つの歴史学

このように現存在が歴史的な既往を学問の対象とすることにまつわる問題については、すでにニーチェが『反時代的な考察』の第二篇「生に対する歴史の功罪」でユニークな考察を展開している。この書物でニーチェは歴史学を三種類に分類した。「記念碑的な歴史学、好古的な歴史学、批判的な歴史学」(1153)である。

まず記念碑的な歴史学についてニーチェは、古代から歴史を学ぶことが、国家の統治のための準備となるものと考えられていたのは、「歴史の警告が他者の災難を思い出させることによって運命の変転に毅然として堪えさせてくれる」[1]からであると指摘する。そしてこうした歴史の警告に耳を傾けて、危機において活躍した英雄たちの行為を語る歴史学の営みは、記念碑的な歴史学となると考える。「個々人の闘いにおける偉大な瞬間瞬間が一連の鎖を形成すること、それらの瞬間において人類の山脈が数千年にわたって結ばれたこと」[2]によって構築される歴史が、「記念碑的歴史」[3]と呼ばれるに値すると考えるのである。これは歴史とは、危機における人間の勇気ある決断と、それによってもたらされた結果を物語るものであると考えようとするものであり、記念碑としての過去から学ぼうとする立場である。現存在の世界内存在としての日常性は、こうした歴史学からは完全に無視されることになるだろう。

ハイデガーはこの記念碑的な歴史とは、歴史を人間の決断の歴史とみようとする立場であると、次のように指摘している。脱自的かつ地平的な統一において時熟する現存在の時間性のもとで、現存在が「みずから選び取った可能性を、決断しながら開示する」(1154) ことによって、「現存在が将来的なものとして本来的に実存する」(同) のであって、このときにこのように歴史性から「記念碑的な」歴史学が生まれることになる。現存在が決意性において将来の可能性という観点から、過去の歴史を参考にしようとするときに、記念碑的な歴史学が生まれるのである。

またニーチェによると好古的な歴史学とは、過去を「保存し、尊敬する者[4]」の歴史学である。こうした歴史学者は、歴史を「祖先伝来の家具[5]」のように大切にする。「小さなもの、限られたもの、朽ちたもの、古くなったものが、好古的人間の保存し、尊敬する魂がこれらの道具の中に移住しここにここちよい古巣をしつらえることによって、独特の犯しがたい品位を獲得するにいたる[6]」のである。歴史学者のうちには、こうした古くなったものへの偏愛を抱く人も少なくないだろう。

ハイデガーはこうした傾向が生まれるのは、現存在が「既往的なものとしては、みずからの被投性に委ねられている」（同）からであり、「可能的なものを反復しながらみずからのものとすることのうちに同時に、そこに現に既往していた実存に敬意を表明しながら、それを守護する」（同）ようになるからだと指摘する。「本来的な歴史学は記念碑的なものであると同時に、〈好古的な〉歴史学である」（同）のである。現存在はその被投性において、既往を反復しようとするのであり、その時に好古的な歴史学が生まれるのである。

これらの二つの歴史学は、歴史学者によくみられる類型だが、第三の批判的な歴史学は、こうした通俗的な歴史学に批判的なまなざしを向けるものである。というのも将来に向けて生きるためには、過去を尊重し、愛好すると同時に、既存のものを破壊することもまた重要なことだからである。ニーチェによると、この批判的なまなざしからみると好古的な歴史は「まさに生を保存する術を知っているだけであって生を生産しはしない」[7]のである。この批判的な歴史学は、「過去を法廷に引き出して手厳しく審問し、最後には断罪する」[8]のである。

ハイデガーはこの批判的な歴史学は、決意性によって将来から現在に立ち戻る記念碑的な歴史学と、既往を反復することで過去を尊重する好古的な歴史学という二つの歴史学から必然的に生まれてくると考えている。というのも、現存在は「将来と既往性の統一において、〈現在〉として時熟する」(1154)ものであり、現在の時点から既往を批判する歴史学も必要とされるからである。こうした批判的な歴史学は「必然的に〈現在〉の批判となる」(同)だろう。

このようにして批判的な歴史学において現存在が将来の決断を下すための参考にしようとして、将来の時間性から生まれる記念碑的な歴史学と、過ぎ去った時代の遺産を大切にしようとして、既往の時間性から生まれる好古的な歴史学が、現在の時間性から生まれる批判的な歴史学によって統一されることになる。この三つの時間性に依拠することによって、本来的な歴史学が誕生する。現存在の本来的な歴史性こそが、「歴史学の三つのありかたが統一されうることの土台」(同)となるのである。というのも、「本来的な歴史学の土台の根拠は、気遣いの実存論的な存在意味としての時間性」(同)にあるからである。ハイデガーはニーチェの三つの歴史学を、将来、既往、現在という三つの時間性の表現として根拠づけるのである。(9)

ハイデガーはこのようにニーチェの歴史学の理論を時間性の理論によって裏づけながら、同時代の歴史学の動向に注目する。というのも、ディルタイなどの哲学者による歴史学の研究は、「現存在の歴史性を主題とする実存論的な解釈を前提とする」(1155)精神科学として提起されているからである。この実存論的な歴史学については、次の第七七節で、ディルタイとヨルク伯の研究を手がかりとして、さらに掘り下げて検討されることになろう。

第七七節　歴史性の問題についてのこれまでの考察の提示と、ディルタイの研究およびヨルク伯の理念との関連

ディルタイとヨルク伯の問題設定

ハイデガーはまず、ディルタイの研究活動が伝統的な歴史学とは明確に異なる視点をそなえていたことを強調する。また、ディルタイの研究活動は、「学問論、学問史、および解釈学的で心理学的な探求」(1158)という三つの領域で展開されていることを紹介する。ただしこれらの領域での考察はたがいに浸透しあっているものであり、根本的な目標は「〈生〉を哲学的に了解すること、そして〈生そのもの〉からのこのよ

うな理解に、解釈学的な土台を確保すること」（1158）にあることを指摘する。このような課題を展開することによって、ディルタイの「研究活動の主要な方向と傾向が歴史の問題への志向を中心とする[1]」ものであることが示されるのである。ハイデガーは別のところでディルタイの功績として「ヘーゲル哲学解体後、ディルタイがはじめて、それも歴史的精神科学を同時に顧慮しながら、歴史についての問いを根本的に提出し、多面的に研究[2]」したことを挙げているが、そのことでディルタイは注目に値すると考えているのである。

このディルタイの研究の目標をよく理解し、それをさらに深めたのがディルタイの盟友とも言うべきパウル・ヨルク・フォン・ヴァルテンブルク伯（以下でヨルク伯と略称する）であった。ディルタイもヨルク伯も、「歴、史、性、を、理、解、し、よ、う、と、す、る」（1160）ことに共通の関心を抱いていたのである。こうしてハイデガーは以下の部分で、ディルタイよりもヨルク伯の考え方を重点的に紹介していくことになる。

ただしこの七七節の段落1160から段落1167までは、ハイデガーの一九二四年の論文「時間の概念」の第一節「ディルタイとヨルク伯による問題の設定とその基本傾向」の後半部分をほとんどそのまま引用したものである。ハイデガーが本書において自分の論文を引用するのはこの部分だけであり、ある種の「緩み」のようなものを感じさせる。

まずヨルク伯は、ディルタイの論文「記述的な分析的な心理学の構想」では、ディルタイの心理学の考察に方法論が欠如しており、「さまざまな方法が個々の領域から、あえて言えば偶然に任せて、取り出されてしまっている」(1161)ことを指摘する。ヨルク伯は精神科学の探求のための方法論として論理学を適用する必要があること、「存在者的なものと歴史的なものの類的な差異」(1162)を十分に考慮にいれて、歴史的なものには、存在者的なものの認識とは違う原理が必要であることを強調する。

ヨルク伯はディルタイの探求の方向を支持しながらも、「自然として存在する存在者と、歴史として存在する存在者(現存在)は、異なるカテゴリー構造をそなえている」(同)ことを正当に考慮にいれる必要があることを強調する。そして「伝統的な歴史研究が今なお、物体的なものや形態をもつものを目指した〈純粋に視覚的な規定〉」(1163)にとらわれすぎていることを強く批判する。この観点からヨルク伯は、「歴史学は、批判的なもの」(1165)であらざるをえないことを指摘するが、ハイデガーはこうした批判的な観点は、「人間という現存在自身の存在性格の認識からえた」(1166)ものであると、指摘している。

ヨルク伯が目指したのは、存在者にたいする「視覚的なもの」(1167)へのまなざしとは異なる歴史学的なものに固有の「カテゴリー的な構造」(同)を捉えることにあった。それは「〈生〉にふさわしい」歴史学という学問に適した「学問的な了解」を獲得することであって、これこそが「〈生の哲学〉の基本的な目標」(1168)にほかならないと強調するのである。

ヨルク伯に欠けていた三つの洞察

このようにハイデガーはディルタイよりもヨルク伯を高く評価する。ただしハイデガーは同時に、ヨルク伯には存在論的な観点が欠如していたために、この基本的な目標を実現する道がとざされていたことを指摘する。「存在者的なもの」と「歴史的なもの」を適切な形で区別し、そこに「カテゴリー的な構造」をみいだすことができるためには、存在論的な見地が不可欠なのである。これらの二つを根源的に統一し、それによって「この二つを比較する視点の可能性と、この二つを区別する可能性とを取り出す」(同)必要があるが、それには存在論に基づいた次の三種類の差異についての洞察が必要であるとハイデガーは考える。

ヨルク伯は、歴史性について問い掛けるには、ディルタイのようにそれを記述するという姿勢を取るのではなく、存在者的なものと歴史的なものを別に構成するカテゴリーが必要であることを正しく認識していた。しかしヨルク伯には存在論的な視点がなかったために、こうしたカテゴリーを伝統的な生の哲学に求めたのだった。しかし存在者的なものと歴史的なものを区別するということは、生の哲学ではなく、存在者の認識と、その歴史性を考察することのできる存在論の課題である。ヨルク伯に何よりも欠けていたのは、このカテゴリーを考察するには、人間という存在者と存在そのものについての「存在論的な差異」を考察する存在論的なまなざしが必要であるという認識であった。

第二に、この歴史性について問いを構築するためには、実存する人間という存在者と、歴史的な遺物や資料など、「広義の眼前的な存在者」(同)の違いを明確に認識するまなざしが必要である。ヨルク伯に欠けていたのは、この二種類の明確に異なる「存在者的な差異」を考察する存在論的なまなざしが必要であるという認識である。

第三に、存在者はたしかに存在するものの一つの領域であるが、存在するものにはほかにもさまざまな領域があり、歴史学的なものなども含むという認識である。ヨルク伯に欠けていたのは、「存在の理念は、〈存在者的なもの〉と〈歴史学的なもの〉の双方を含むのである。この理念にこそ、〈類的な差異〉を適用する必要がある」(1168)という認識である。ヨルク伯に欠けていたのは、存在者という領域と歴史学的なものという領域の「領域論的な差異」を明確に区別する領域存在論のまなざしが必要であるという認識だった。

これらの「存在論的な差異」「存在者的な差異」「領域論的な差異」という三つの差異は、すでに本書の存在論的な議論のうちで詳しく展開されてきたものであるが、当時の哲学と歴史学を支配していた「伝統的な存在論の支配」(1169)では、こうした差異を認識することができなかった。ヨルク伯はこうした伝統的な存在論に暗黙のうちに支配されて、これらの差異を無視したのである。

現存在の歴史性という当面の課題にとってとくに重要なのは、第三の「領域論的な差異」である。これを考察するには、「存在一般の意味への問いを基礎存在論的に解明することによって、あらかじめ導きの糸を確保しておく必要がある」(同)のであり、それは現存在の時間性についての考察によって導かれる。これが以下の第六章の課題である。

第六章　時間性と、通俗的な時間概念の起源としての時間内部性

第七八節　これまでの現存在の時間的な分析の欠陥

この節では、これまでの通俗的な時間概念とその分析の方法論の欠点を明らかにすることによって、第六章全体の構成を説明することを目的としている。そのためにこうした欠点については、そのありかを指摘するだけで、立ち入った考察は、第七九節以下の分析に委ねられる。

「時間内部性」の考察の重要性

まず検討されるのは「時間内部性」という概念である。これまでの現存在の歴史性の実存論的な分析論では、「実存の存在機構としての歴史性が、〈根本において〉時間性であることを示してきた」（1170）のであるが、実存論的な分析の基本的な枠組みに

おいては、現存在が時間のなかで生きることの「実際のありかた」は考察されることがなかった。しかしすべての出来事は「〈時間のなかで〉起こる」(1170)ものである。この状況は、「時間内部性」と呼ばれる。

現存在は日常生活においては、自分や世界において起こる出来事を、自分の生きている時間のなかで起こる出来事として認識するのであり、「事実的にすべての歴史を〈時間内部的な〉生起としてしか識別しない」(同)。そこで現存在の歴史性の分析においては、こうした現存在の歴史についての「〈存在者的で時間的な〉解釈」(同)についても考察する必要がある。

というのも、こうした解釈が必要であることを示す二つの重要な背景要因があるためである。第一の背景要因は、「歴史のほかに自然現象もまた〈時間によって〉規定されている」(同)ために、自然を研究する学問もまた「時間的な要因」(同)によって規定されているということである。現存在が自然のうちで、現存在以外の「存在者に出会う時間」(同)についても「原理的に解釈する」(同)ことが重要なのである。

第二の背景要因は、現存在が時間や歴史について考察する以前から、時間に合わせて生活していること、すなわち自分の時間を公共的な時間に合わせて生活していることである。歴史のうちでやがて「時間を規定するために作られた測定道具」(同)としての時計が登場するが、こうした時計が登場する以前から、現存在は「時間のなかで」暮らしてきたのである。存在論的な考察の順序で言えば、「現存在が〈自分の時間を計算にいれている〉ことがあって初めて、時計のようなものを使用することができるようになる」(同)と言うべきなのである。

ハイデガーは、現存在のこうした「時間内部性」を考察するためには、次の二つの問題を考察する必要があると考えている。まず、現存在が実存しながら、「〈時間〉をかけたり時間を〈失ったり〉することができる」(1171)という事実を解明しなければならない。またこれに関連して、現存在が「時間を計算にいれるという、そのようなありかたで時間にかかわる態度」(1172)がどのようにして生まれてきたかを、明らかにしなければならない。

第二に、現存在はたんに自分の事柄として、あることに時間をかけたり、時間をかける余裕がなかったりするだけではなく、他の共同現存在とのあいだで共通する公共的な時間のうちに生きていることに留意しなければならない。ハイデガーはこの公共的な世界の時間を「世界時間」(同)と呼ぶが、「どうしてそのようなことが可能なのか、またどうしてそのことが必然的なのかを了解する必要がある」(1172)のである。

この時間内部性のテーマは三つの節に分けて検討される。まず第七九節「現存在の時間性と時間についての配慮的な気遣い」では、現存在が日常生活において時間を意識するのは、配慮的な気遣いの地平においてであることを指摘する。そして次の第八〇節「配慮的に気遣われた時間と時間内部性」においては、このように配慮的に気遣われた時間と、「時間内部性」の概念の結びつきを考察することになるだろう。

現存在はこのように「時間内部性」のうちにある存在者であるために、つねに時間のうちで生きている存在者であり、また他の共同現存在とのあいだの公共的な世界時間のうちで生きている存在者である。こうした日常性における現存在と時間とのかかわりのうちから、通俗的な時間概念が生まれてくる。こうした通俗的な時間概念の特徴は、自分が経験した時間を「もっとも身近な存在了解の地平で理解」(1173)すること、すなわち時間というものを「ある種の眼前的な存在者として理解」(同)することにある。

ごく分かりやすいのは、時計によって示される時間だろう。わたしたちは時計の秒針が進むのを見て、一秒間の長さをはかることができる。一秒とは、時計の秒針が次の目盛りに進むまでの時間である。時間をこのように秒針という眼前存在者が進むために必要な時間として理解するということは、時間というものがあたかも眼前存在者であるかのように考えるということなのである。このテーマを検討するのが、第八一節「時間内部性と通俗的な時間概念の発生」である。

ヘーゲルの時間論と基礎存在論的な時間論との対比

ハイデガーは、こうした通俗的な時間概念の背後には、時間を主観的なものと考えるか、客観的なものと考えるかという哲学の伝統のうちでつづけられてきた暗黙の対立が控えていたことを指摘する。次の二つの節ではこの哲学的な時間論について、カントとヘーゲルの時間論が俎上に載せられて検討することになる。

まずこの対立はある意味では、時間を直観の形式と規定したカントのうちで、すでに哲学的に明確に指摘されていた。カントは時間というものが個人の直観の形式であるために、あくまでもその個人にとって固有のものであり、人間は時間をもつことで外的な世界の現象を理解できると考えた。「時間はすべての現象一般にそなわるアプリオリな形式的な条件である。さらに時間は、（わたしたちの魂の）内的な現象の直接的な条件であり、そのことによって、外的な現象の間接的な条件でもある」[1]。このようにして時間は個人にとって、外的な世界を理解するための基本的な土台となるものである。その意味では時間はきわめて主観的なものである。

しかしカントはこうした直観の形式としての時間は、すべての個人にとって共通のものであり、この時間という直観の形式の共通性によって、公共的な時間が生まれてくると考えた。その意味では時間はきわめて客観的なものとみなされた。

ヘーゲルはカントのこうした問題構成を受け継いだが、時間をたんに主観的なものと考えるのでも、たんに客観的なものと考えるのでもなく、「精神」という概念のうちでこの対立を止揚しようとした。ただしヘーゲルにとって精神は客観的な精神として、世界の歴史を構築する力である。この精神の歴史性は、すでに考察した「世界時間」を作りだすものであるから、ハイデガーの解釈とヘーゲルの解釈には共通したところがある。

しかしハイデガーは本書の存在論的な時間論とヘーゲルの時間論に重要な違いをみいだしている。というのも歴史を絶対精神の実現と人間の自由の完全な発展のプロセスとみなすヘーゲルの歴史および時間の概念は、本書の「基礎存在論的な意図」

（1174）と対立してこざるをえないからである。このテーマが第八二節「時間性、現存在、世界時間の実存論的かつ存在論的な連関を、時間と精神の関係についてのヘーゲルの見解と対比する試み」において詳細に検討されることになる。さらに第八三節「現存在の実存論的かつ時間的な分析論と、存在一般の意味への基礎存在論的な問い」では、これまでの考察を総括する形で基礎存在論的な時間論が展開されることになる。

この基礎存在論的な考察においては、ヘーゲルの時間論への批判に依拠しながら、時間について、次のような問いが問われることになろう。すなわち、「時間には〈存在〉がそなわっているのか」（1175）。時間に存在がそなわっているとすれば、「どのようにしてそうした存在がそなわっているのか」（同）。また「わたしたちが時間を〈存在するもの〉と呼ぶのはなぜなのか、またどのような意味でそう呼ぶのか」（同）などの問いである。これらの問いは、「時間そのものが、みずからが存在の地平であることを明らかにする」（1248）という本書の最後で掲げられた問いにつながっていくことになるだろう。

第七九節　現存在の時間性と時間についての配慮的な気遣い

現存在の時間性

これまで本書において詳細に検討されてきたように、現存在は他の存在者とは明確に異なる存在のしかたをしている。現存在は「みずからの存在においてこの存在そのものが問われるような」(1176)、実存する存在者であると同時に、世界内存在として、世界のうちで配慮的に気遣う存在者である。また現存在は手元的な存在者に配慮的な気遣いを行い、共同現存在に顧慮的な気遣いを行う存在者である。さらに現存在は、そのような存在者として世界のうちに被投され、世界のうちで頽落している存在者である。

このような現存在(ダーザイン)の「そこに現(ダー)に」というありかたの根本的な特徴は、現存在が時間的な存在者であることである。そのことを何よりも示すのが、現存在は世界について、顧慮する共同現存在について、そして配慮する手元的な存在者や道具について解釈し、その解釈の内容を他者にあるいはみずからに語り掛ける存在であり、「それについて語ることにおいて、みずからを不断に語りだしている」(同)ということである。語ることは、時間のなかでしか行われないからである。

現存在はこうした気遣いのもとで、「言葉として聞こえるかどうかは別として」(同)、将来について、過去について「〈そのときは〉こうしよう〉とか、あれをなすべきだが、〈その前に〉これを片付けておこう〉とか、〈かつては〉失敗したことを今度は失敗しないように、〈今は〉うまくやろう〉」(同)などと、心のうちで語っているものである。こうした語りはすでに今はとしての現在、かつてはとしての既往、そのときはとしての将来の三つの時間性を含むものとなっている。だから現存在の「目配りによって理解するこの配慮的な気遣いは、時間性を根拠とするものであり、予期的に保持しながら現在化するという時間性の様態を根拠とする」(同)と言えるだろう。

この時間性についてさらに詳しく考えてみると、「かつては」ということは、過ぎ去った時間における出来事についての記憶が「保持」されていることを示しており、そこに既往の時間の契機が含まれている。「そのときは」ということは、これから訪れる時間に起こる出来事についてある意図をもって「予期」していることを示しており、そこに将来の時間の契機が含まれる。それだけではなく、現在を示すはずの「今は」という意図のうちには、前回の過去の時間における失敗についての記憶が含まれているのである。このように現存在は「予期しながら保持しつつ、もしくは予期しながら忘却しつつ」（1177）あることが暗默のうちに語りだされている。

そして「今は」において、この既往の記憶の保持と将来の意図と予期とが、今の時点において統合され、現在化されている。ここでは「予期せざる忘却という変様した様態においては、時間性は現在のうちに巻き込まれており、この現在が現在化しつつ、ひたすら〈今こそ、今こそ〉と語る」（同）のである。

日付可能性

このように現存在は世界のうちで時間性という構造のうちで生きている。すでにハイデガーは、他者と生きる世界のもとでのこうした時間性について、「世界時間」（1172）という概念で規定していた。現存在は「時間内部性」のうちで、こうした公共的な「世界時間」を生きているのである。この「世界時間」には、日付可能性、伸び広がり、公共性、世界性などの特徴があるが、ここではまず日付可能性について考察しよう。

日付可能性とは、現存在が世界のうちで生きながら、将来、既往、現在という脱自的な時間構造のうちで生きているために、現存在のあらゆる行為には、特定の日付を与えうることを意味している。すでに現存在はつねに「そのときは」「かつては」「今は」という時間的な構造のうちで生きていることを確認してきたが、このような「〈今は〉〈そのときは〉〈かつては〉は、多少なりとも規定された日付をそなえている」(1178)のである。この「日付」は公的な「暦の〈日付〉」(同)である必要はない。個人が自分の心のうちだけで考えている「今日」「明日」「昨日」であってよいのである。

これは自明のことに思えるが、ハイデガーはこの自明なことが明確に意識されていないことに注目し、現存在がその根底において時間的な存在であることを強調するのである。いくら「今は」「そのときは」「かつては」が時間であることは自明なこととして理解されているとしても、これらの言葉はそれが時間であることを意識せずに、たんなる副詞のように使われることが多い。「これらが〈時間〉そのものであるとか、それがどうして可能であるのかとか、〈時間〉とは何を意味するのかということ」(1179)は、明確に把握されているわけではない。このようにごく自明なこととみなされている事柄にこそ、分析すべき問題が含まれているものなのである。

さらにこれらの副詞はいちおうは時間を示す副詞として使われているとしても、このような時を示す言葉を使わない場合にも、日常の会話で使われる多くの言葉や表現には、その背後に暗黙のうちに時間の意味が込められていることが多い。ハイデガーが挙げている実例では「寒い」(1179)という表現がある。ある人が「寒い」と言ったとすれば、それは昨日は寒かったということでも、明日は寒いだろうということでもなく、それを語る「今」そのときに、その人が寒いと感じているということである。この言葉にはすでに「〜する今は」(同)という時刻が示されているのであり、これは時間の表現でもあるのである。「寒いだろう」と語るときには、その推測の表現のうちに、すでにこれから訪れる将来の日付において予期される事態が語られているのであり、これも時間の表現でもある。「寒かった」と語るならば、それは過ぎ去った時間における体験が語られているのであり、そこには記憶のうちにある既往の時間がこめられているのである。

さらに現存在が配慮的に気遣う手元的な存在者について語る場合にも、言葉にして語っていないとしても、「〈〜する今は〉とか〈〜するそのときは〉とか〈〜したかつては〉などの意味をこめて語っている」(同)と言えるだろう。「ハンマーがない」と言うならば、現在の「今」においてハンマーが存在しないために、そう語った現存在が現実において困っていることを意味するだろう。「ハンマーがいる」と言うならば、そう語った現存在はこれから仕事をしようと「するそのとき」にはハンマーが必要となるという予期をこめて語っているだろう。「ハンマーをもってくるのを忘れた」と語るならば、以前の時間において「ハンマーをもってくる」という行為をする予定であったのに、そのことを忘却したために、「今」の時点においてハンマーが存在しないという困った事態に陥っていることを語っているのである。

時間的な存在者としての現存在

このように考えるならば、現存在が語るすべての言葉は、語られている事柄について表現しながら、同時にその事態に暗黙のうちに含まれている時間的な契機についても語っていることになる。それによっていまこのときに、自分が置かれている事態についても同時に語っているわけである。現存在はこうした言葉で「みずからを語りだしている」（同）のであり、この「みずからを語りだす」という行為は、「みずからをともに解釈する語りや発言が、現在化する働きに依拠しているから、しかも現在化としてのみ可能」(1179)なのである。

このように現存在の行動や予期や記憶や発言などのすべての行為は、時間的なものとしてのみ可能であり、「時間性は根源的に〈そこに現に〉においてすでにつねに解釈可能であり、したがってそうしたものとして熟知されている」(1180)のである。こうしたことが可能であるのは、「予期しながら保持する現在化が、それ自体において脱自的に開かれていて、みずからにたいしてそのつどすでに開示されているからであり、理解しながら語る解釈において、分節されうるものになっているからである」(同)と言えるだろう。

そこでハイデガーはむしろ、現存在のすべての行為のうちに時間的な契機が含まれているという事態のほうから、時間を定義してみせる。「みずからを解釈しながら現在化することを、すなわち〈今〉において語りだされ、解釈されるものを、わたしたちは〈時間〉と名づける」(同)というのである。このような規定が可能なのは、何よりも現存在の存在様態はつねに将来、既往、現在という三つの時間的な契機によって構築される脱自的な構造によって規定され、それによって可能になっているからである。「〈～する今は〉のうちに、現在の脱自的な性格がひそんでいる」(1181)のであり、現在のすべての行為は、「時間性の脱自的な機構を反映したもの」（同）なのである。

このように「日付可能性」はまさに現存在の時間性の脱自的なありかたを示したものである。逆に言えば「〈今は〉〈そのときは〉〈かつては〉の日付可能性の構造は、それらが時間性という共通の幹から生まれたものでありながら、それ自身もまた時間であることを証明するもの」（同）なのである。この時間性は、現存在のすべての行動を可能にし、それを規定する背景となっているのであり、「地平」（1182）を構築している。〈今は〉〈そのときは〉〈かつては〉はどれもこうした地平に属するものであり、そのために「日付可能性という性格をそなえている」（同）のである。

ニーチェは、「日付可能性」に象徴される現存在のこのような時間的な存在について、動物との対比で語ったことがある。ニーチェは人間に飼育されている家畜が時間というものを知らず、歴史というものを知らないことで、悩みのない「幸福な」生き方をしていると考える。こうした家畜は「朝から晩まで毎日毎日、快と不快とによっていわば瞬間という杭にしっかりと繋ぎとめられており、したがって憂愁も倦怠も覚えない」[1]というのである。こうした家畜は現在という瞬間に繋ぎとめられていて、この瞬間だけを純粋に生きているという。ニーチェはこの純粋さを「整数」という奇妙な比喩で表現している。動物は「ある種の数のように、現在という時点がきれいに割り切れて、妙な端数を残さない(2)」というわけである。

それにたいして人間はつねに過去の記憶の重圧のもとに生きている。「人間は、過去という大きなしかもいよいよ大きくなっていく重荷に逆らって生きなければならない(3)」のである。「生存とはたんに絶え間ない〈～であった〉というものであり、自分自身を否定し食いつくし、自分自身に矛盾することによって生を維持するものである(4)」のである。人間は時間の生き物であって、動物のように「どんな瞬間にもありのままの姿でいる(5)」ことなど、望めないのである。

伸び広がり

現存在が配慮的に気遣う時間概念である「世界時間」の第二の特徴は、時間の伸び広がりである。通俗的な時間概念では、時間を「今」連続の継起で考える傾向があった。「今」の一瞬が飛び去る矢のように、あるいはすばやく流れ下る川の流れのように、過去に向かって過ぎ去ってゆき、「かつての今」となり、それまでは「今」ではなかった未来の瞬間が、「今」になると考える。この時間論では時とは「今」の瞬間であり、瞬時に過ぎ去る刹那である。

こうした時間論はたしかに、わたしたちがその存在を確信できる「今」という現前的な瞬間の確実さに依拠しているので分かりやすい。しかしこの「今」は、等質で断片的なものであって、そこにはいかなる内容もなく、ただ過ぎ去って、過去になる一瞬であるという意味しかない。しかしわたしたちが生きている時間は、このように刹那的なものではないはずである。わたしたちが「明日には旅行にでかけよう」と考えるならば、明日までの時間は「今」の連続で埋め尽くされているわけではなく、「まだ今ではない」明日として、すでにこの「今」のうちで予期され、明日の朝の旅立ちまでの時間の持続が考えにいれられている。今日のうちに旅行のあいだに必要となる衣服など、荷物をまとめておこうとか、目覚ましは何時にかけようとか、朝食はどうすればいいだろうかなどと考えて、行動するものである。

わたしたちは旅行にでかけるまでの時間を「それまでのあいだ」として分節するが、これも同じように日付可能性の連関をそなえている」(1183) のである。この「それまでのあいだは」は、「～がつづいているあいだ」とみなされ、旅行の準備のあれこれが思い描かれる。そして「配慮的な気遣いはこの〈つづいているあいだ〉を、さらに予期的に分節して、また新たな〈そのとき〉を告知することができる」(1183)のである。旅行に必要なものを買い出しに出かける「そのとき」には、ついでにクリーニング店に寄ろうとか、留守にするあいだの新聞配達を停止してもらうために新聞配達店に電話をかけておこうとか、これから「そのとき」になすべきさまざまな行動を計画するのである。

こうした「時間の間隔」は、旅行のことを考える「配慮的な気遣いのうちで非主題的な形で理解」しているのである。「予期的で保持的な現在化はこのように伸びのある〈つづいているあいだ〉を〈解〉釈する」(同)のであり、こうした間隔は「歴史的な時間性の脱自的な伸び広がりとして、みずからに開示される」(同)のである。

時間の穴

配慮的な現存在の時間にこのような「伸び広がり」があるということは、逆の意味ではこうした予期によって伸び広がった時間で、将来の時間が埋め尽くされるということである。この「伸び」のある時間論はその裏面として、時間の「穴」を作りだすことがあるとハイデガーは指摘する。この「穴」は二つの意味で否定的な文脈で考えられている。

第一は、将来の時間がこの予期のための時間で占められてしまうために、現存在は「自分自身については予期することなく、忘却して」(1184)しまうということである。現存在の時間は、「そのつどまさに環境世界的に配慮的に気遣われ、情態的な理解において開示されているものに基づいて、すなわち人が〈一日中〉携わっていることに基づいて、日付が打たれる」(同)ことになり、「自分に残しておく時間」(同)を認識しているつもりでも、実は現存在は自己を忘却しているのであり、「自分が純然たる〈今〉の連続的に継起する交替に沿って走っている」(同)ことすら認識できなくなるのである。

こうした配慮のうちに生きている現存在は、自分が一日をどう過ごしていたかを思い出せなくなっているのであり、現存在の時間は「穴だらけ」(同)になっているのである。そのため現存在の時間は、等質なものとして継続して流れ去る「今」の時間とは対照的に、「ばらばらに寸断されている」(同)かのように思えるのである。

ただし現存在はこうした「〈今〉の連続的に継起する交替」のうちで過ごしているとしても、それは時間というものをこうした「〈今〉連続の継起」という通俗的な時間論の文脈で理解すべきであるということを意味するものではない。これは「伸び広がり」のある時間性の「そのつどすでに開示されて、脱自的に伸び広げられた時間性の一つの様態」(1184)であると考えるべきだとハイデガーは指摘する。

第二にこうした「穴」があるということは、現存在は「配慮的に気遣われたものごとにせわしなくみずからを喪失しつつ、そのことで自分の時間を失っている」(1185)ことを意味している。これが死への先駆において、自分の実存を取り戻そうと決断することのない現存在の実情なのである。日常性に頽落した現存在の時間は、このように「穴だらけ」であり、「たえず時間を失っていて、決して時間を〈もつ〉ことがない」(同)のである。

これにたいして先駆的な決意性のもとに実存している現存在の時間性は、「その現在においてつねに瞬視という性格をそなえている」(同)のであって、「決意性において決して時間を失うことがなく、〈つねに時間の余裕がある〉」(同)ということになるだろう。

このように決意した現存在は自分の時間をもてるのにたいして、決意しない現存在は、自分の時間を失っているが、どちらにしても現存在は世界のうちに被投されて生きているのである。こうした生き方については、現存在が「自分のために時間を〈かけたり〉、失ったりすることができるのは、脱自的に伸び広がった時間性としての現存在に、その時間性に基づいて〈そこに現に〉が開示されているからであり、それとともに何らかの〈時間〉が授けられているからにほかならない」（1186）と総括することができるだろう。〈今〉連続の時間論とは異なり、脱自的な時間の構造のもとで生きている現存在の時間性は、「脱自的に伸びた」ものであり、「伸び広がり」をそなえたものなのである。

　このように現存在の時間は「伸び広がり」があると同時に、「穴だらけ」のものであり、きわめて個人的で私秘的なもののように思える。しかし現存在はつねに世界のうちで他なる共同現存在とともに生きているのであり、「公共的で平均的な常識のうちに身を置いている」（1187）ため、個人的な時間だけで生きることはできない。個人的な「今」も、「各人によって、相互的な世界内存在の公共性のうちで語られている」（同）のである。というよりもむしろ現存在は「自分にかける〈時間〉を、自分の時間として識別していないのであり、自然にある時間、そしてひとが計算にいれている時間を、配慮的に気遣いながら食い物にして利用し尽くす」（同）のだと言うべきだろう。

第八〇節　配慮的に気遣われた時間と時間内部性

世界時間の公共性

このように現存在は、世界で配慮的な気遣いのうちに生きるだけに、世人の時間に合わせて生きざるをえなくなる。誰もが「こうした公共的な時間に合わせて生活している」(1189)のである。これが「世界時間」の根底にある状況である。この時間の使い方の公共性が、世界時間の第三の特徴である。

ここで注意しなければならないのは、このように時間が公共的なものとなることによって、公共的な時間を測定するために使われる時計が、現存在の生活にとって必須なものとなり、それとともに、「誰にでも時間は眼の前にみいだされるものとならざるをえない」(同)ということである。

このような時計の登場は、複数の人々のあいだで共通の時間を計測し、定める必要性から生まれたものである。原始的な時計は古代から利用されてきたが、西洋では修道院で修道士たちが集まって規則正しく聖務を遂行する目的で時計が活用されるようになった。時計で計測した時刻は、鐘によって修道士たちに教えられただけではなく、周囲の村人たちにも、ときを教えた。やがてはこの修道院や教会の鳴らす鐘が、周囲の村落の生活を律するようになった。アタリが語っているように「徐々に教会堂や大小の修道院が、自分の鐘を用いて、それぞれに周辺の世界に定時課を告げることが一般化していく。鐘が新しい神々の時を画定したのである」(1)。

ただしこうした時計を使った「時間計算は偶然に登場したものではなく、気遣いとしての現存在の根本機構のうちに、実存論的かつ存在論的に必然的なものとして登場した」(1190)のである。このように時間が公共的なものとして、現存在に外部から与えられているのは、世界内存在として被投された現存在自身が必要としたものだからである。時間を数量化して示す必要があったのは、「時間を計算にいれる現存在の時間性」(同)のためにほかならない。

このような公共的な時間において現存在は共同現存在だけではなく、道具や眼前存在者とも出会っている。現存在が時間の内部で出会うこれらの存在者は、「時間内部的な存在者」(1191)と呼べるだろう。公共的な時間の本質を解明するためには、これらの存在者の「時間内部性を解釈する」(1191)ことが必要となるだろう。そのためにはまず、時間を計測する装置である時計について調べる必要がある。

時計の登場とその役割

最初に登場した時計は日時計であった。古代文明の多くは、何らかの形で太陽という天体によって決定され、示される時刻を示すために、日時計を使っていた。バビロニアでも、アッシリアでも、中国でも、マヤでも日時計が発明されているが、何よりも太陽を神としていたエジプトでは、精密な日時計が発明された。太陽が聖なるものであるため、太陽光線も聖なるもの、日時計も聖なるものという性格をおびていたのである。

ハイデガーは最初の時計が日時計であったことには、重要な意味があると考えている。それは現存在と太陽との関係が原初的なものだからである。そもそも現存在にとって「日付可能性」の根拠となるのは、地球に生きる人間たちを照らす太陽が朝になって昇り、人々に日光を降り注ぐことによってである。この日の出とともに、現存在には、その「目配りする配慮的な気遣いによって、〈見ること〉の可能性」(1193)が与えられる。というのも、「日常的に見ることで目配りする世界内存在は、眼前的な存在者の内部で、手元的な存在者と配慮的に気遣いながら交渉するために、ある明るさが必要」(1192)だからである。

太陽と時計

古代からというもの現存在は、日の出から日の入りまでの時間を分割して、「そのとき」を測定してきた。一日をこのように「時間的に分ける作業も、時間に日付を与えるもの、すなわち動きつつある太陽を顧慮して」(1193)行われてきたのである。すでに第二二節では、太陽が空間的な方角を決定するために重要な役割をはたしていることが説明されていた。太陽が現存在に与える利用可能性の変化によって「日の出、正午、日没、真夜中」(288)の方位、すなわち東、南、西、北の方位が決定されているのである。これは方位だけではなく、現存在の生涯にとって重要な建物の設計まで規定することがある。「たとえば教会と墓場は、日の出と日没、すなわち誕生と死の〈辺り〉に合わせて設計されている」(同)のであり、住宅の設計もまた南向きの部屋と北向きの部屋の配置によって定められていた。

太陽はこのようにして現存在の生活の空間の配置に影響するだけではなく、日時計によって現存在の生活の時間の分割と過ごし方にも影響するのである。一日の時間の分割に大きな意味をもつ「日の出と同じように日没と正午も、この天体が占める特別な〈位置〉である」(1193)のである。「世界のうちに被投され、時熟しながら、自分に時間を与えている現存在は、太陽の規則正しく反復される運行を、計算に」(同)いれて生きているのである。

このことに時計が発明される必然性があった。すべての現存在が「いつでも、同じように、ある範囲のうちでさしあたり一斉に行うことのできる時間の告知」(1194)が必要とされたのである。「誰もがこの公共的な日付によって、自分の時間を告知することができるし、誰もがそれを同時に〈計算にいれる〉ことができる」(同)ようにするためである。すべての人が使うことのできる共通の時刻表示と「公共的に利用できる尺度」(同)が存在しなければ、わたしたちは定刻どおりに電車に乗ることも、友人と待ち合わせることもできない。

このような共通の尺度を示す時計が可能となり、必然となった根拠は、世界内存在として他者と共同相互存在する現存在の時間性にある。「時間性は時計の事実的な必然性が可能となるための条件であり、それによって、時計の露呈が可能になるための条件にもなる」（同）のである。

人類の歴史の初期の段階では、このような太陽の見掛けの移動に基づいた日時計が利用された。人類は「太陽の運行を〈予期しながら保持しつつ現在化する〉行為によってのみ、この現在化をみずから解釈しつつ、公共的で環境世界的な手元的な存在者を利用しながら、日付を打つことが可能になり、またそれが求められるようになる」（同）のである。やがてはこの「自然の時計」（1195）に基づいて、太陽が雲の背後に隠れているときや、日没の後になっても時刻を表示することのできる手頃な人工の時計が登場した。水時計やロウソクを使った時計である。「天文装置とは別に、液体の流れるリズムや物質のゆっくりとした燃焼リズムも、時間の長さを測るのに用いられた。水の流れとロウソクの燃焼がそれである」[2]。やがては重量や運動エネルギーを用いた機械装置としての時計が発明されるようになる。

しかしこうした人工の時計も現代にいたるまで、太陽の運行に依拠した「自然の時計に〈合わせて〉製作し、使用されるべきもの」（同）だったのである。このようにして、これ以降の段落で「時間計算と時計の使用法の発達の概要を、実存論的かつ存在論的な意味に基づいて記述する」(1196)ための準備ができたのである。

世界時間の世界性

世界時間の第四の特徴は、こうした公共的な時間の世界性にある。この「世界性」は、ハイデガーが定義した括弧つきの「世界」と括弧なしの世界の概念に対応して、二つの意味で理解することができる。

第一の括弧つきの「世界」時間としては、すべての現存在が使うことのできる公共的な時間があげられる。グローバルなものとなる以前の世界では、地方ごとにさまざまに異なる時間が使われていた。同じイングランドでも、都市によって違う時刻表示の時計が使われていたほどである。鉄道が運行を開始するとともに、国内の時計を統一する必要が痛感されるようになった。やがては電信の普及とともに、「世界」全体での時計の統一が必要とされるようになる。

この「世界」は地球のすべての国のことである。そして一九二五年からグリニッジ時として標準化されてから、世界のすべての人々が共通して使う時間が規定されたのだった。この公共的な時間は世界のすべての国の人間が利用することのできる「世界時間」という性格をおびている。

第二の括弧なしの世界時間は、現存在が世界内存在として日常生活を送ることによって規定されている時間である。この〈世界〉は、現存在が生きている世界内存在の世界の意味である。現存在は世界内存在として世界のうちで生きるのであり、そうした世界内存在としての現存在が利用する共通の尺度としての時間は、「最初から〈～すべきとき〉とか〈～すべきでないとき〉という性格をそなえている」（1197）のである。仕事をするのに適切な時間と不適切な時間があることからも明らかなように、手元的な存在者を道具として使いながら、他者への顧慮を欠かすことのできない現存在は、自分の仕事の都合と他者の都合に考え合わせながら、「～すべきとき」と「～すべきでないとき」をつねに判断している。そして「たとえば〈夜が明けたら、そのときは一日の仕事に取り掛かるべき時間だ〉」（同）と判断しているのである。夜中に仕事を始めてもはかどらないだろうし、安眠している他者の妨げとなるかもしれないのである。

このように現存在は世界内存在として存在しているために、「配慮的に気遣いつつある〈予期しながら保持する現在化〉は時間を、〈のための目的（ヴォッツー）〉との関連において理解している」（1197）のである。すでに第一八節において、すべての手元存在者は、「〈何のために（ヴォツー）〉」（238）という適材適所性から考えられた有用性の連鎖のうちに存在すること、そして世界における適材適所性の全体は、「究極的な有用性としての〈何のために（ヴォツー）〉に帰着」（同）することが指摘されていた。この〈のための目的（ヴォツー）〉の適材適所性の連鎖の究極は、現存在の幸福にあるのであり、それが「〈そのための目的（ヴォルムヴィレン）〉」（同）であることが確認されていた。

現存在は世界において行動する際に、この有用性の連鎖の頂点を目指している。だからこそ現存在は時間を、〈のための目的（ヴォツー）〉との関連において理解しているのである。そして「この〈のための目的（ヴォツー）〉は究極的には、現存在の存在可能の〈そのための目的（ヴォルムヴィレン）〉と結びついている」（1197）ことが結論できるのである。このようにして、時間測定のためには、世界時間の公共化が必要とされるようになったが、この時間の測定こそが、「現存在の時間性に基づくものであること、しかもこの時間性のまったく特殊な時熟に基づくものであること」（1198）が、明確にされるようになってきたのである。

これらの世界時間の主要な特徴から、世界内存在としての現存在の「配慮的な気遣い、の、時、間、」(1197)の構造が総括的に提示される。世界時間についてはこれまで、日付可能性、伸び広がり、公共性、世界性の四つの特徴が挙げられてきたが、ここでこれらの特徴が現存在の気遣いの時間的な構造であることが明示されるのである。「すなわちこの時間は、日付を打つことができ、時間の間隔があけられており、公共的なものであり、このように構造化された世界そのものに属している」(同)のである。以下ではこの概括に基づいて、段落1192から1196を補う形で、現存在が時計を使うということの意味がさらに展開されることになる。

時計を使うということ

人間が作り出した最初の時計が日時計であったことはすでに指摘されてきた。現存在の一日がほぼ昼間と夜という太陽光の存在によって規定されているかぎり、現存在にとって時刻を決定するための重要な手掛かりが太陽であることは間違いない。たしかに現在ではわたしたちは太陽光が作る影によって時刻を知る日時計を使う必要はなくなっている。それには二つの重要な理由がある。

第一に、電気やガスを使う照明装置が発明され(ただしそうした装置を動かすエネルギー源は、かつての太陽の光のエネルギーを蓄積した鉱物である)、夜中も昼間と同じような明るさで活動できるようになっている。「現存在には、夜を昼に変えることができるという〈長所〉がある」(1199)のである。

第二に、「自然の露呈が進むとともに、自然な時計についての了解も深まる」(同)のであり、こうした了解に基づいて、自然の時計である日時計に代わる時計が一家に一台、あるいは個人に一つそなえられ、日没の後にも時刻を知ることができるようになっている。

また、これとは逆の事態も指摘されている。というのは、現代人は時計なしには時刻を知ることがほとんどできなくなっているが、未開社会の人間が日時計を使えない場合には、自分の背の高さを使って時刻を定めることができるからである。たとえば「〈影が何歩の長さになったらば、あそこで会おう〉と約束する」(1200)ことができるだろうし、その場合には時計を所持する必要はないだろう。この場合には「現存在はある意味では時計そのものなのである」(同)。

時計の四つの特徴

それでもこうした人工の時計も、日時計に準拠したものであり、どちらも世界時間の四つの特徴を兼ね備えているのである。この世界時間の四つの特徴のそれぞれに対応した時計の四つの特徴を確認しておこう。第一の「日付可能性」ということは、時計の本来の目的そのものである。自分の時計を見れば、「すぐに時間を読み取ることができる」(1199)のである。時計はその瞬間の時刻を明示することを役割とする道具である。

第二の「伸び広がり」ということも、時計を見るという行為のうちに含まれている。時計を見るというのは、「今」の時刻を知るということであるが、それだけではなく、ある特定の時刻までの余裕を調べるということでもある。夕方の七時にとても大切な約束があるとしよう。その日は夕方になるとわたしたちは頻繁に時計を見ることだろう。約束の場所に一五分前に到着しているためには、どの時刻の電車に乗らなければならないとか、その電車に乗るためには一〇分前にここを出発しなければならないとか、時間の余裕について考えるのである。

「時計を使っていま何時であるかを確かめるときには、わたしたちは言葉にだして語るかどうかは別として、今は何々の時間だから、〈~する時刻〉だとか、まだ時間があるとか、今は〈~するまでに〉まだ時間があるなどと、わたしたちは語っている」(1202)のである。「いま何時かすぐに分かるということは、自分に〈どれだけの時間的な余裕があるか〉が分かるということである」(1199)。だから時計を見るということは、自分の残された時間的な「伸び広がり」を確認し、それを活用しようとすることである。「〈時計を見ること〉は、〈自分に時間を割り当てること〉に依拠しているのであり、これに導かれている」(1202)のである。時計にはわたしたちにときの「伸び広がり」を考えさせる道具であるという特徴がある。

第三の「公共性」ということも、時計の重要な役割である。修道院で時計が発達したのは、人々が集団で行動するための装置が必須なものだったからである。「公共的な時間計算を可能にするのは時計である」(1199)のである。時計はわたしたちの公共性を支える役割をはたす道具である。

第四の「世界性」については、すでに「伸び広がり」のところで指摘したことからも明らかである。「今は何々の時間だから、〈~する時刻〉だ」(1202)と語るということは、世界の有意義性のもとで、現存在であるわたしたちが定めた目的を遂行するために必要な時刻を計り、それに合わせて行動するということであり、現存在が世界内存在として、適材適所性を考慮した有意義性のもとで生きていることを示すものである。

これはいずれ検討する世界時間の超越性にかかわる問題でもある。世界は個々の現存在から超越した地位をもち、世界時間もまた個々の現存在の時間から超越した地位をもつ。「配慮的な気遣いでは、すべてのものに〈それにふさわしい時間〉が割り当てられる。あらゆるものがおのおのの時間を〈もつ〉ことができ、すべての世界内部的な存在者も同じようにこうした時間を〈もつ〉ことができるのは、それらがそもそも〈時間のなかで〉存在していることに基づいている」(1208)のである。その意味では時計はわたしたちが「世界」のうちで生きる存在を象徴する道具なのである。

これらの四つの特徴をまとめてハイデガーは、時計を見ながら「〈今はと言うこと〉が、日付可能性、〈時間の間隔〉、公共性、世界性という〈今は〉の完全な構造的な内実において理解され、解釈されている」(1202)と述べている。もっともこうしたことはあまりに自明なことになっているので、わたしたちは時計を見るときにこのようなことを自覚することはほとんどないのではあるが。

時間の測定尺度と眼前性

このように時計を使うということは「今はと言うこと」(1202)であり、そこに時間と時計のこれらの四つの特徴が集約されていることが分かる。それだけではなく、そこに現存在の時間性そのものが露呈されているのである。時計を見て今の時刻を確認しながら、わたしたちは数時間後に予定されている大切な待ち合わせに「今」、この時刻にあってもそなえている。そしてその待ち合わせが大切である意味を、過去の経験から判断しているのである。

時計を見るのは「今」であるが、そこにはすでに将来を予期し、過去の記憶を保持している現存在の時間性が時熟しているのである。「この〈今はと言うこと〉は、保持的な予期との統一において時熟する現在化を、語りながら分節すること」(1203)なのである。

しかしここで重要な問題が登場する。ハイデガーはこのような時計を見ながら時刻を気に掛ける現存在の時間性を指摘すると同時に、そこに時間性についての一つの歪曲が含まれていると考えるからである。というのも、腕時計という装置を見るときに、わたしたちは秒を刻む秒針や分を示す分針を見るのであるが、この行為のうちに、時間というものを「今」を示す秒針や分針という「測定尺度」の動きとみなすという考えが、忍び込むからである。

このような測定尺度が成立するためには三つの重要な条件がある。まず測定尺度というものは、つねに変化せず、恒常的なものでなければならない。尺度が変化しては、他人と約束することはできず、自分の行動を計画することができないのである。

第二に尺度はすべての人において共通のものでなければならない。わたしとあなたで秒針の動きの速度が違ったのでは、二人は異なる時間の尺度をもち、異なる動きをする時計をもっていることになる。これでは待ち合わせの約束をすることなどは不可能だろう。

第三にこの測定尺度は眼の前で見ることができるものでなければならない。わたしが「今は と言うこと」ができるためには、時計を眼の前において、「今」のこの瞬間を確認することができなければならない。特別な必要があって他人と時計を合わせようとするならば、その人と一緒に時計を眺めて、「今」この瞬間に何時何分であることを確認しなければならない。眼の前で時計を眺めて、二人で「今」を確認できるということは、時計という「尺度というものはいつでも、誰にとっても、その恒常性において、眼前的に存在しなければならないということ」（1203）を意味しているのである。日時を確認するということは、「眼前的な存在者の卓越した現在化なのである」（同）。

このことが重要な意味をもつのは、現存在の時間の解釈において、存在論的にみて脱自的な時熟の構造にふさわしくない考え方が忍び込むからである。「配慮的に気遣われた時間を測定しながら日時を確認するということは、眼前的な存在者を現在化しつつそれに注目しながら、時間を解釈すること」（同）なのである。これは時間をあたかも眼前的な存在者であるかのようにみなすことになりかねない。

そしてこのように時間が眼前的な存在者とみなされるならば、現存在の時間性に重要な歪曲が発生する。それは秒針や分針の動きによって、毎秒毎分のように確認される眼前的な「今」が、時間の根源とみなされ、「いつでも誰にとっても、〈今、そして今、そして今〉という単調な形で時間に出会うことになる」（同）と考えられがちなのである。やがては時の「伸び広がり」までもが、「あたかも眼前的に存在する今の多様性でもあるかのように、眼の前にみいだされる」（同）ことになる。

これが意味することは大きい。第一に、現存在にとって時間が公共的なものであればあるほど、時間にかかわる合意を他者と結ぶにあたって、その公共的な時間は「時計において〈普遍的に〉接することのできる」（同）時間とならざるをえない。そして時間は他者とのあいだで「普遍的に」合意することのできるものとして、等質で断片的な「今」を基礎としたものとならざるをえないのである。時間を脱自的に時熟するものではなく、眼前的に存在する自明性をそなえた「今」連続の時間とみなす通俗的な時間論は、このように現存在が腕時計などの人工の計時装置を使い慣れていることを基礎としているのである。

第二に、時間と空間の違いはカントの哲学によって明確に規定され、その違いも認識されている。そしてカントもまた、個人的で私秘的な時間をイメージするには、空間のなかに直線を描くしかないと考えていた。カントは「時間は外的な直観の対象にはなりえないにもかかわらず、わたしたちは一本の線を引いてみて、その直線のイメージのもとでしか、時間を思い描くことができないのである」[3]と語っている。カントですら、時間を眼前的なものによってイメージするしかないと考えたのである。そして世界時間がこのように時計を使って、秒針と分針の運動によって、「今」連続として理解されるということは、時間が秒針や分針の動く距離によって、すなわち空間的なものに基づいて理解されるということである。

それは時間がこうした空間的な距離によって「数値的に規定される」(1205)ということではない。ベルクソンのように、[4]時間が空間化されていることを批判すべきではないとハイデガーは考える。「〈空間的に〉眼の前に存在するものによって日時を確定することは、時間を空間化することではない」(同)のである。むしろ「この時間測定においては、尺度を獲得することに気を取られて、測定される当のものはいわば忘れられている。そこで線分と数しかみあたらないということになる」(同)ことが問題なのである。

このように、時計の使用というわたしたちにとってごく自明な事柄の背後にも、現存在の実存と存在にかかわる重要な問題が控えているわけである。さらに本書の存在論的な考察においては深く立ち入ることができない問題もまた残されている。「発達した天文学的な時間計算を具体的に分析する仕事は、自然の露呈についての実存論的かつ存在論的な解釈」(1207)を必要とするものであり、「暦法的で歴史学的な〈年代決定法〉の基礎も、歴史学的な認識の実存論的な分析の課題」(同)であって、本書では考察することはできないのである。

世界時間の超越性　世界時間の客観性と主観性

このように時間を時計という眼前的な存在者によって理解しようとする態度によって、「今」連続の時間という通俗的な時間概念が発生する。そしてこの通俗的な時間概念には大きな根拠が存在するのであり、そのことはこうした時間概念が、古代ギリシアのアリストテレスによってすでに提起されていたことからも明らかである。このような時間についての考え方はその根が深いのである。この問題は第八一節「時間内部性と通俗的な時間概念の発生」で改めて深く掘り下げられることになるだろう。

この節の最後の部分では、第八一節での考察を導くために使われる二つの主要な特徴が提起される。第一の特徴は世界内部的な存在者の全般的な時間内部性と世界時間の超越性である。すでに世界時間の四つの特徴の第四の特徴として、「世界性」が指摘されてきた。時間は個人的な私秘的なものではなく、公共的で世界的なものである。世界に存在する現存在も世界内部的な存在者も、共通の「世界時間」のなかで存在している。

すでに世界内部的な存在者は、同時に時間内部的な存在者という性格をそなえていることが指摘されていた。「世界内部的な存在者の時間規定を、時間内部性と呼ぶことにしよう」(988)と規定されていたのである。そして世界内部的な存在者が世界の「なかに」存在するのと同じように、時間内部的な存在者は時間の「なかに」存在すると語ることができるだろう。

そのため世界内部的な存在者に出会う現存在は、配慮的な気遣いによって、そうした存在者を時間内部的な存在者として理解することになる。というのも、「世界が開示されるとともに、世界時間も公共的なものとなっている」(1208)からであり、「世界内部的な存在者を時間的に配慮的に気遣う存在はすべて、この存在者を〈時間のなかで〉出会うものとして、目配りによって理解する」(同)からである。

このことが示しているのは、世界というものの存在が個々の現存在の存在を超越しているのと同じように、世界時間は個々の現存在の時間を超越しているということである。「世界時間は、それが属する時間性の脱自的で地平的な機構に基づいて、世界と同じ超越をそなえている」(同)のである。そして現存在は日常的な配慮的な気遣いにおいて、自分の時間をみいだすのであるが、それは「〈時間のなかで〉出会う世界内部的な存在者においてである」(1211)。そのため「通俗的な時間概念の発生を解明するためには、時間内部性を出発点とする必要がある」（同）ことになる。

第二の特徴は世界時間には独特な客観性と主観性がそなわっていることである。客観性を通常の意味で、すべての人が共通して眼前的に認識できるものとして考えるならば、世界時間は客観的ではない。というのも、世界時間は眼前的に知覚できるものではなく、そもそも「眼前的な存在者が〈そのなかで〉運動したり静止したりしている時間」（1209）だからである。

しかし世界時間はこのように眼前的な存在者の活動の地平として、こうした活動を可能にする条件であるという意味では、「あらゆる可能な客観よりも〈客観的〉である」（同）。これは「世界内部的な存在者の可能性の条件であり、世界の開示性とともに、いつもすでに脱自的かつ地平的に〈投企化〉されているから」（同）である。さらにこの世界時間は個々の存在者を超越したものとして、天体の運動によって現れるという意味でも「客観的な」ものだと言えるだろう。

また「主観的」ということが、「ある〈主観〉のうちで眼前的に存在したり、出現したりすること」（同）と考えるならば、世界時間は主観的なものではないだろう。しかし主観的であるということを、実存する現存在の気遣いを可能にする条件であると考えるならば、世界時間は「あらゆる可能な主観よりも〈主観的〉である」(1210)と言えるだろう。「世界時間は、気遣いを事実的に実存する自己の存在として正しく理解するならば、こうした自己の存在を初めて可能にするものだから」(同)である。

結論として言えるのは、「世界時間は時間性の時熟に属するものであるから、わたしたちは世界時間を〈主観主義的に〉消滅させたり、悪い意味で〈客観化〉して〈物化〉したりすることはできない」(1211)ということになる。このような誤謬が発生する原因は、通俗的な時間概念にあるのであり、時間についての存在論的な解釈においては、こうした通俗的な時間概念がどのようにして「根源的な時間から了解する可能性」(同)を塞いでしまっているのかを明らかにする必要がある。これが次の第八一節で考察される主要なテーマとなる。

第八一節　時間内部性と通俗的な時間概念の発生

時間の存在論的な定義

すでにわたしたちの日常生活においては、時間が腕時計の秒針と分針の動きとその移動距離のうちに姿を示すことが確認されてきた。すると時間を定義しようとすると、「時間とは、移動する時間の針を現在化しつつ数えながら追跡するときにあらわになる〈数えられたもの〉のこと」(1212)と言えるだろう。これはあまりにも即物的な定義なので、これに実存論的で存在論的な解釈を加えてみよう。時計の針を数えるのはこの今であり、これは現在化の契機である。存在論的にはこの現在の契機においては、脱自的に二つの時間的な契機が統一されているはずである。

まずこの現在化の瞬間においては、「〈かつて〉を保持する」(同)ことが同時に行われている。過ぎ去った一瞬はすでに「かつて」になっているのであり、今の一瞬の前に「以前の」過ぎ去った無数の瞬間が折り重なっている。だからこれが意味するのは、「〈今はと言いながら〉、〈以前に〉という地平に開かれているということ、すなわち〈今はもうない〉の地平に向かって開かれているということ」(同)であるはずである。

さらにこの現在化の瞬間においては、「〈そのとき〉を予期している」(同)ことが同時に行われている。わたしたちが時計をみるのは、別に秒針の動きを眺めるのが楽しいからではなく、たとえば約束の時間までにまだどのくらいの時間的な余裕があるかを調べるためである。だからこれが意味するのは、「〈今はと言いながら〉、〈後で〉の地平に開かれているということ、すなわち〈今はまだない〉の地平に向かって開かれているということ」（1212）である。

このように現在化のうちで、つねに既往と将来の時間的な契機を脱自的に統一しながらあらわになるのが時間というものである。このような現在化のありかたを存在論的に定義するならば、「現在化する働きは、〈以前に〉と〈後で〉に向かって地平的に開かれている保持と予期の脱自的な統一において時熟する」（同）と表現することができるだろう。

今－時間の概念

ところで最初の定義に示された「数えられたもの」という概念は、すでにアリストテレスが示していたものである。アリストテレスが『自然学』で示した時間の定義は、「時間とは、〈以前に〉と〈後で〉の地平において出会う運動において数えられたものである」（同）というものだったからである。[1] 実存論的かつ存在論的な定義というものも、この「数えられたもの」というアリストテレスの定義を解釈し直したものなのである。

　そしてアリストテレスの後に行われた時間についての考察は、時間をこのように「〈数えられた〉ものであり、移動しつつある時計の針、もしくは日時計の影を現在化すること」（1213）と考えるものなのである。

　これらの考え方では、時間というものを移動する秒針などを眺めながら、「今はここに、今はここに」（同）と、「今」の瞬間を数え上げるものであり、このような時間は、「今－時間」と呼べるだろう。ハイデガーは「わたしたちは時計の使用においてこのようなありかたで〈眼に入ってくる〉世界時間を、〈今－時間〉と呼ぶことにしよう」（同）と規定している。そしてこれまでも確認してきたように、この「今－時間」こそが、通俗的な時間概念の土台となる考え方なのである。

「今－時間」による通俗的な時間概念の特徴

　この「今－時間」を基礎とした通俗的な時間概念は、これまで展開されてきた存在論的な時間概念とどのように違うものだろうか。「今－時間」の概念に依拠している通俗的な時間概念には五つほどの重要な特徴がある。通俗的な時間概念との違いについて考察するために、これまで列挙されてきた世界時間の四つの重要な特徴を「今-時間」の概念と比較してみることにしよう。これによって通俗的な時間概念の第一の重要な特徴は、世界時間が平板化されていることにあることが明らかになるだろう。

まず最初の「日付可能性」から考えてみよう。日付可能性は、「今は」と語るときに、今は「〜するとき」であると認識することであった。「日付可能性は、時間性の脱自的な機構を基礎とするものであった。〈今〉はその本質からして〈〜すべき今〉なのである」(1215)。しかし秒針の動きをただ眺めるだけの「今-時間」においては、このような「〜すべき今」という現存在の配慮的な気遣いの要素はまったく無視されている。

第二の「伸び広がり」については、この「今-時間」が今のこの一瞬だけに注目することにおいて、時間の「伸び広がり」を無視するものであることは明らかだろう。「通俗的な時間了解にとって時間は、不断に〈眼前的に存在しながら〉、過ぎ去ると同時に到来してくる〈今〉の連続として現れてくる。時間は「こうした多くの今が」次々と継起するものとして、これらの〈今〉の流れとして、〈ときの歩み〉として理解されるのである」(1214)。

第三の「公共性」については、「今 - 時間」では時間の公共的な性格は重視されず、時計を眺める現存在のまなざしの方向と「今」の一瞬だけが重視されることが指摘できよう。この「今」は断片的なものであり、時計をみる現存在のうちで「〈今〉の流れ」（同）として知覚されるだけのものである。時計は公共的な時間性を確立するための重要な手段であるが、「今 - 時間」の現存在はこうした公共性にそれほど注目しない。

第四の「世界性」については、有意義性が重要な判断基準になる。世界時間はそもそも「配慮的に気遣われた時間」（1215）であって、あらゆる「今」は、何かをなすべきとき、あるいはなすべきでないときとして把握されている。今は「そのつど適切な今であるか、不適切な今であるかのどちらかである」（同）なのである。しかし「今 - 時間」においては、そのような手元的な存在者の道具連関や適材適所性などはまったく無視されている。

このように四つの特徴のどれをみても、存在論的な世界時間の時間概念と通俗的な「今 - 時間」の時間概念は明確に異なっている。とくに顕著なのが第一の「日付可能性」と第四の「世界性」における違いである。「時間を〈今〉連続とみなす通俗的な時間の解釈では、日付可能性も有意義性も、どちらも欠け落ちている。時間が純粋な継起として性格づけられているので、どちらの構造も〈現れること〉がない」（1215）のである。

通俗的な時間概念ではこれらの二つの特徴を「隠蔽する」（同）のである。この隠蔽がもたらす結果として、「今-時間」によって「時間性の脱自的かつ地平的な機構」（同）が「平板化される」（同）ことになる。「〈今〉はこれらの連関から切断されて、ひたすら〈今〉から〈今〉へと並べられることで、継起を構成する」（同）のである。このように「今-時間」に基づいた時間の見方の第一の重要な特徴は、世界時間を隠蔽し、平板化することにある。

通俗的な時間概念の第二の特徴は、時間をあたかも眼前的な存在者として考えようとする傾向である。時間を秒針の運動とそれの移動した距離で考えようとするところにすでに、時間を眼前的な存在者として考えようとする傾向が顕著なのである。現存在の存在の地平である時間が、あたかも現存在が自由に使うことのできる手元的な存在者であるか、あるいは誰もが眼の前に眺めることができることによって「客観的な」性格をおびた眼前的な存在者であるかのようにみなされているのである。

この通俗的な時間概念の第三の特徴は、時間というものが配慮的に気遣いをする現存在に時熟してくる将来、既往、現在という脱自的な構造をもつことが無視されて、まったく等質な「今」という一瞬が、未来も過去も現在も構成するかのように思われていることである。時間を今の継起として考え、過去と未来もこの現在の「今」で考えようとするのである。この今は次々と過ぎ去り、これらの過ぎ去った今が集積して過去を形成する。そしてこの今は次々と到来するのであり、これらの「次々と到来するそれらの〈今〉が、〈未来（ツクンフト）〉の限界を定める」(1216)のである。

過去と未来はこのような断片的な「今」の瞬間からしか理解されず、しかも等質な今の瞬間の集積と到来として考えられている。「どの〈今〉においても〈今〉は〈今〉であり、それぞれの〈今〉において到来し、消滅していくものはそのつど別の〈今〉ではあるが、それでも〈今〉はたえず同一のものとして現存している」(1217)のである。

ハイデガーは古代においてこの第三の特徴を明確に示した哲学者として、プラトンの名を挙げている。プラトンは対話篇『ティマイオス』において、「今」がたえず新たなものに変わりながら、しかもつねに「同じ」今であることに注目して、「時間を永遠性の模像」(同)と名づけた。神としてのデミウルゴスは、「天を秩序づけて作ると同時に、一体をなして留まっている永遠の、数に従って進む永遠的な似像」（1217）を作ったのであり、それが人間の世界で時間と呼ばれているものだと主張したのである。

通俗的な時間概念の第四の特徴は、今がこのように等質なものであるだけではなく、恒常的なものと考えられていることである。今の連続は決して「中断されることがなく、隙間もないもの」（1218）である。しかもこれをどこまで分割していっても、相変わらず同じ「今」である。今はこのように恒常性を「分解することのできない眼前的な存在者という地平から眺め」（同）ようとしているのである。

通俗的な時間概念の第五の特徴は、それが無際限なものと考えられていることである。もしも時間を今という刹那の連続的な系列であると考えると、すべての今は同質で、同じ資格をそなえたものであるから、この「今」と過ぎ去ったばかりの「今」は、同じものであるはずである。このことから、この「今」は、そして過ぎ去ったばかりの「今」は、それ以前にすでに過ぎ去った「今」とまったく同質で、同じものだと考えなければならなくなる。するとこの〈今〉連続は、わたしたちが生まれる前が存在していたはずであり、それは無際限に過去に溯れるものであるに違いない。

これはこれから訪れる「今」についてもまったく同じように主張できるだろう。次の瞬間の「今」は、遠い未来の「今」とまったく同じものであり、この連鎖は未来に向かって際限なくつづくものであるに違いないのである。「第一義的にこうした今連続だけに依拠しようとすると、この連続そのものには原理的にいかなる始点も終点もない」（1219）と言わざるをえないのである。

これらの通俗的な時間概念のすべての特徴をそなえた「今-時間」の概念によって、「〈今〉という十全な現象にそなわる日付可能性、世界性、間隔の伸び、現存在にふさわしい公共性という構造契機が隠蔽され、見分けのつかない断片にまで貶められてしまう」（同）ことになる。

世人（ひと）による誘惑

このように通俗的な時間の概念では、時間性の真の意味は隠蔽され、世界時間は「今-時間」へと平板化されている。その根本的な原因は、現存在の自己喪失のうちにある。日常性のうちに頽落した現存在は、「さしあたりたいていは、みずから配慮的に気遣っているもののうちに自己を喪失している」（1220）のである。

この頽落のありかたはすでに第三五節から第三八節において詳細に分析されてきたが、頽落が現存在の実存にとってもっとも重要な意味をもっているのは、現存在が死への先駆にあって、自己に固有の存在可能の選択を決意する先駆的な決意性から逃走するという状況においてである。通俗的な時間概念は、現存在がこの重要な先駆的な決意性から逃走するように誘うことによって、現存在が決断を下すことを妨げているのである。

通俗的な時間概念が現存在をこのような形で誘惑するために大きな役割をはたしているのが、「今－時間」の概念の前記の第五の特徴「時間は際限なく流れつづける」という考え方である。こうした誘惑の道筋は三つあると考えられる。第一の道筋は、この考え方が現存在にとって自己忘却と自己の死からの逃走を唆すものとなることである。もしも時間が際限なく流れつづけるのであれば、現存在は自己の死という「終わり」から目を背けるようになるだろう。そもそも現存在は自分自身の死からはつねに目を背けていたいと願うのであり、自己の死について忘却していようと望んでいるものなのである。そしてそのことが通俗的な時間論の概念を魅力的なものとしている。このようにして「頽落的で日常的な現存在に属する非本来的な時間性は、このように

〈終わりのあることから目を背けること〉であるから、それは本来的な将来性を、さらには時間一般を見誤らざるをえない」(1220)ことになる。

第二の道筋は、現存在は頽落した日常性においてつねに世人の言葉に耳を傾けているために、死への先駆が妨げられることにある。世人は現存在を「終わりまでは〈まだ時間がある〉」(同)と語りかけることで、先駆的な決意性の実現を妨害するのである。「死はそのつど〈わたしのもの〉であって、本来的には先駆的な決意性においてしか、実存的に理解されない」(同)ものである。ところが世人は決して死ぬことがなく、死ぬことができないものであるために、「死からの逃走に、特徴的な解釈を与える」(同)ことによって現存在の決意を妨げるのである。

第三の道筋は、世人は、現存在にこのように「まだ時間がある」と語り掛けながら、現存在が残された時間を日常の生活のうちに食いつぶすように誘惑することにある。この残された時間は、あたかも「失ってもよい時間」(同)であるかのように、「〈今のところはまだこれを、次にあれを、そしてさらにあれも、それからそのときには～〉」(同)などと、現存在の自己喪失を深めるように誘惑するのである。このようにして現存在は「そのつど〈わたしのもの〉」である死の瞬間から目を背け、自分に固有の時間を忘却し、やがては「誰のものでもない」、すなわち「公共的な時間しか知らない」(1220)ようになるだろう。この通俗的な時間概念は、現存在の心のうちに、「〈時間のなかで〉眼前的に存在していた一人の人間がもはや実存しなくなったところで、それが〈時間〉の歩みにどのような影響を与えるというのだろうか」(同)と囁きかけ、自己の死の瞬間と死の意味を忘却させるのである。

「今－時間」概念の蹉跌

このように世人(ひと)は、「今－時間」という通俗的な時間概念によって、現存在に自分に固有の「終わり」を忘却させ、先駆的な決意性を選び取ることを妨げようとするが、この誘惑は蹉跌せざるをえないとハイデガーは指摘する。ただしその根拠についてのハイデガーの説明はいささか回りくどく、あまり説得力はないかもしれない。というのも現存在が頽落して世人(ひと)の言葉に耳を傾けているのであれば、そしてみずからも世人(ひと)の一人となっているのであれば、ハイデガーの挙げたような理由によってこの頽落から目覚めるのは至難のことに思えるのである。

ハイデガーはほぼ三つの理由を挙げている。第一は、どの現存在にとっても自分の死は避けがたく訪れるからである。現存在がどれほど自己の死を忘却しようとも、かならず死は訪れるのであり、現存在はやがてはそれに直面せざるをえないのである。「今－時間」の連続は「ただ過ぎ去っていくだけであり、無害で、限りのないもののようにみえる」（1221）としても、自分の死が必ず訪れるという事実は現存在にどうしても自分の死に直面せざるをえなくさせるのであり、そのときにはこの時間性の概念は「驚くべき謎」（同）となって現存在を襲うだろう。

第二は、このような死の不可避性のために、現存在は通俗的な時間概念を否定するようなまなざしをもたざるをえなくなるからである。たしかに通俗的な時間概念は、時間を「今」という瞬間でしか理解しない。過去はかつての「今」であり、未来はこれから訪れる「今」である。「脱自的かつ地平的な時間性は、第一義的に、将来から時熟する。これにたいして通俗的な時間了解は、時間の根本現象は今であると考えるのであり、しかもその十全な構造から切り離された純粋な〈今〉にあると考える」（1225）のである。こうした通俗的な時間概念は今こそが時間の根本現象であり、「ときは過ぎ去る」（1221）ものであると現存在に囁きつづける。

しかし現存在はいかに頽落していても、「ときは過ぎ去る」のはたしかだとしても、自分の死という「時が訪れる」こともしっかりと知っているはずである。死は現存在にとっては避けがたいものであるから、世人の言葉とはうらはらに、「世界時間がそのなかで時熟するその時間性は、さまざまな隠蔽が行われているにもかかわらず、完全には閉ざされていない」(1221)と言えるだろう。「現存在は〈あわただしく〉自分の死のことに気づいているからこそ、あわただしく過ぎ去る時間のことを知っているのである」(同)。

第三は、時間は「今」から「過去」へと流れるとしても、「今」から「未来」へと逆流することはできないのであり、これがこうした「今-時間」を破綻させているからである。この「今-時間」の概念では、過去も未来も同じ「今」であるから、現在の「今」から過去の「今」へと時が流れるのであって、現在の「今」から未来の「今」へと流れることができないことは、原理的には説明できない。時間が未来へ逆流できないことは、根源的な時間性の脱自的な構造によって規定されているのであり、公共的な時間もまたこの根源的な時間性から由来するものなのである。

この根源的な時間性の時熟は、「第一義的には将来的であり、脱自的にはみずからの終わりに向かって〈進む〉」(1222)のであって、通俗的な時間概念のように、「今-

時間」の「継起」（同）とは考えていないのである。それでも通俗的な時間概念もまた時間が逆流できないことを認めているが、それは「〈今－時間〉が時間性から派生したもの」（1224）だからである。

　このように、脱自的な時間性は、根源的な時間概念として、「時間了解の地平」（同）を構築するものであり、「今－時間」はそこから派生したものにすぎない。そのためこの根源的な時間概念に依拠することによって初めて、「世界時間がなぜ、またどのようにして現存在の時間性に属しているのかが理解できるようになる」（1223）のである。「時間性から汲み取られた世界時間の十全な構造を解釈することで初めて、通俗的な時間概念にひそんでいる隠蔽一般をそもそも〈見抜き〉、時間性の脱自的かつ地平的な機構がどのように平板化されるかを見定める」（同）ことができるようになるというわけである。

根源的時間概念と通俗的な時間概念の違い

　このように脱自的な時間構造こそが根源的なものであり、「今－時間」はそれから派生したものである。ここで、脱自的な時間性の現在、将来、既往という時間的な契機と、「今－時間」の現在、未来、過去という時間概念の違いを改めて確認しておくことにしよう。

まず「現在」の時間的な契機から考えよう。「脱自的かつ地平的な時間性は、第一義的に、将来から時熟する」（1225）のであり、現在の時間は、将来から既往を経由する形で時熟するものである。これはすでに「瞬視という脱自的で地平的な現象」（同）として説明されてきた。これにたいしてすでに指摘されたように、「通俗的な時間了解は、時間の根本現象は今であると考えるのであり、しかもその十全な構造から切り離された純粋な〈今〉にあると考える」（同）のだった。この「今」がそのままで現在として理解されるのである。

次に「将来」の時間的な契機は、こうした脱自的な時間構造からみると、現存在が死への先駆によって直面する自分の終わりの瞬間によって規定されている。しかし通俗的な時間概念の「未来」は、「まだ到来しておらず、これから到来してくる純粋な〈今〉という意味」（同）しかもたない。

最後に「既往」の時間的な契機は、現存在の被投性に基づいて、将来から脱自的に現在に時熟するために不可欠な時間的な契機である。これにたいして通俗的な「今－

時間」の概念では過去は、現在の「今」と同質の「過ぎ去った純粋な〈今〉という意味」(同)しかそなえていないのである。

なおハイデガーは、このように通俗的な時間論の不十分なところを指摘し、それが根源的な時間性の概念から派生したものであることを指摘しながらも、そして古代のプラトンとアリストテレスに始まって、存在論的な見地が登場する以前の哲学の歴史における時間論の不十分さを指摘しながらも、哲学の歴史においても時間をたんに「運動の数」として把握するのではない考え方が登場していたことを認めている。

たとえばアリストテレスは「霊魂が存在しないかぎり、時間は存在しえない」(1226)と語り、アウグスティヌスは「時間が精神そのものの〈広がり〉でないとすれば、それは驚くべきことであろう」(同)と書いていたのである。そして次の第八二節では、ヘーゲルの時間論を検討しながら、時間と精神の緊密な結びつきについて検討していくことになる。

第八二節　時間性、現存在、世界時間の実存論的かつ存在論的な連関を、時間と精神の関係についてのヘーゲルの見解と対比する試み

ヘーゲルの時間概念の問題点

ハイデガーはすでにヘーゲルの時間概念が「通俗的な時間了解のもっとも根底的な定式化」(1227)であることを指摘していた。ヘーゲルは歴史がその本質からして精神の歴史であり、「時間のなかで」経過していくことに注目して、「歴史の発展は時間のなかに落ち込む」(同)と語っていたのである。

このことから明らかなのは、「時間はいわば精神を受け入れることができなければならない。そして精神は時間およびその本質と親縁性のあるものでなければならない」(同)ということである。そこでハイデガーが問題とするのは第一に、「ヘーゲルは時間の本質をどのようなものとして画定しているか」(同)という問いである。この問題を考察するのが(a)項「ヘーゲルの時間概念」である。そして第二に、「精神が〈時間のなかに落ち込む〉ことができるためには、精神の本質にどのようなもの

が属しているのでなければならないか」（同）が問われなければならない。この問題を考察するのが（b）項「時間と精神の関係についてのヘーゲルの解釈」である。

a　ヘーゲルの時間概念

ヘーゲルの空間論の三つの特徴

ハイデガーは、ヘーゲルの時間論がアリストテレスの『自然学』で示された時間論に忠実なものであることを指摘する。ただしヘーゲルとアリストテレスの時間論の類似性については最後に要約されることになる。ハイデガーはここではまず、ヘーゲルの空間の概念から否定性の運動によって、いかにして時間の概念が生まれるかを紹介している。なおヘーゲルの否定性の弁証法による空間と時間論は抽象的で分かりにくいかもしれない。ハイデガーの解説もこの弁証法の内側には立ち入らないために読者の理解を深めるものとはなっていないのは残念なことである。

ヘーゲルは『エンチュクロペディー』の第二篇「自然哲学」の第一部「力学」を「空間と時間」という項目から始めている。カントと同じようにヘーゲルもまず「空間」から考察を始め、次に時間を考察し、それから空間と時間の関係を考察している。

ここでもまずヘーゲルの空間論から考えてみよう。ヘーゲルの空間論は、カントの空間論を基礎としている。カントは空間と時間を感性的な直観の形式と考えた。これは空間というものは、実在するものではなく、人間が対象を直観するために必要な形式であるということである。ヘーゲルはこれに同意しながら、それに基づいてさらに空間には抽象性、無差別性、連続性という三つの特徴がそなわっていることを主張する。まず空間は直観の形式であり、この形式は「直接的な外面性という抽象[1]」であるとされる。このことに注目してヘーゲルは空間を「自然の自己外存在の抽象的な普遍性、すなわち自然の自己外存在の無媒介な無差別性[2]」として定義する。このような抽象性が空間の第一の特徴である。

さらに空間はこのように自然の自己外存在であるので、「まったく観念的な相互外存在[3]」であると規定される。空間の一つの部分は、他の部分と無関係に独立して存在するのである。この観念的な相互外存在性と無差別性が空間の第二の特徴である。

また空間のなかの点は抽象的なものであり、他の点との区別を「自己自身のうちに有しないから、まったく連続的である[4]」ということになる。それぞれの点は、他の点と独立して無差別に存在しているため、それらの点が集められた空間は連続的になるという連続性が、空間の第三の特徴である。

空間の弁証法

ここでヘーゲルに特有の弁証法が開始される。このような特徴をそなえた空間は「その内部で区別されうるさまざまな点の抽象的な数多性である」(1230)と規定できる。ただしこれらの点をすべて総計しても空間が成立するわけではない。「空間は、区別されうるこれらの点によって区別されながら、それ自身としては無差別なままである」(同)のである。これらの点は「空間のうちで何かを区別するものであるかぎり、空間の否定であるが、それでも点はこうした否定として、それ自身はなお空間のなかにとどまる」(同)のである。空間の内部に含まれる点は、空間そのものを否定する。これが第一の否定である。

ところでこれらの点は、どれも排他的な「点」として、その他の点を否定することで、自己を保存するのである。どの点も、他の点を否定することで自己であるが、この否定はそれ自体で空間的なものである。他なる点を否定する点が、空間のなかでは集まって連続性を形成し、それが空間を作りだす。点のこれらの否定はそれ自体で空間的なものなのであり、そのことによって、点としての自己を否定することになる。点の否定が点そのものを否定する。これが第二の否定、否定の否定である。

この二つの否定によって、点は「自己を自己自身に関係させる否定[5]」となる。このようにして点は自己を止揚して、「線」になる。この「線は点の自己外存在であり、点が空間へと自己を関係させ、自己を止揚することである[6]」。点の点性は否定性であり、その否定性が点の否定性そのものによってふたたび否定されることによって止揚される。そこに点の他在としての線が形成される。この「線が点の最初の他在、すなわち空間的存在である[7]」。

この線は点を否定するものであるが、線もまた最初の否定を否定して自己を止揚し、面になる。「面もまた線の自己外存在であり、線の止揚されたものだからである[8]」。この面は、「物を包み込む表面[9]」となり、これが「一つの全体としてまとまった個別的な空間を分離させる[10]」のである。このようにして「いまや否定的契機を自己自身に即してもつ空間的な全体性が回復される[11]」のである。点がその点としての性格によって自己を止揚し、線になる。しかし線もまた線としての性格によって自己を否定して止揚され、面となり、これが空間を作りだす。否定性の運動において「否定をさらに否定するときに、初めて空間が思考され、その存在において把握される」(1232)のである。

空間から時間へ

このように点、線、面において、自己を止揚する否定性の運動が実現されることで、空間が成立する。しかし空間においてこのような運動性としての否定性が働くことによって、「無差別性としての点性が止揚されたということは、もはや空間として〈麻痺した静止〉のうちにはとどまっていない」(同)ということになる。ヘーゲルによると、このような「点性としての否定を、そのようにして否定すること」(同)が時間なのである。「時間は自己外存在の否定的統一として、これまた一つのまったく抽象的なもの、観念的なものである」[12]。このようにして空間のなかの点の否定的な働きによって空間が成立し、この否定的な運動が「対自的に定立されると、それは時間である」(1231)ということになる。

というのも、「それぞれの点がみずからを対自的に定立するということは、〈今はここに〉、〈今はここに〉などと言うことである。どの点も、対自的に定立されるならば、

〈今時点〉として〈存在する〉。〈このようにして、点は時間において現実性をもつ〉ことになる」(1232) からである。ところでここで点がみずからを対自的に定立するということは、点がみずから行うことではなく、空間についての人間の思考によって初めて可能となることである。この「空間の純粋な思考」(同) によって、あたかも空間から自動的に時間が発生するかのような外見が生まれるのである。それはどういうことだろうか。

ヘーゲルの時間論の四つの特徴

ヘーゲルによると自己外存在としての空間は、点、線、面という否定性の運動によって否定的に統一されるが、この否定性の運動が遂行されると、「ここ」という点が、空間の無差別性を否定しながら、「今」という時間を措定することになる。「このように、点性、すなわち空間の純粋な思考が、いつも〈今〉を、そして多くの〈今〉の自己外存在を〈思考する〉ので、空間が時間〈である〉ということになる」(同) というわけである。この否定的な統一としての時間にはどのような特徴があるのだろうか。

第一の特徴は、時間も自然の自己外存在として空間と同じように、「まったく抽象的なもの、観念的なもの」[13]であることである。カントと同じようにヘーゲルは「時間は空間と同様に、感性、すなわち直観の純粋な形式」[14]であると考える。これは空間の否定的な運動によって成立したものとして「直観された生成」[15]であるから、「まだ完全な外面性と抽象性のうちにある」[16]のである。これは空間の抽象性という第一の特徴と共通する。

第二の特徴は、時間は「抽象的に自己に関係する否定性」[17]であることである。空間における点に相当するものが「今」である。この「今」は前の「今」とも後の「今」とも関係がなく、独立して存在する。そして「今」は点と同じように、他の「今」を否定することで自己を主張する。この時間の無差別性は、空間の第二の特徴と共通する。しかしここで時間と空間の違いが現れる。時間的な「今」は空間的な点とは異なり、同時に存在することができない。「今」はただちに「今」であることを否定され、止揚される。「時間は、まったく瞬間的な、すなわち、ただちに自己を止揚する区別がそれにもかかわらず同時に、外面的な区別として規定されている」[18]という特徴があるのである。

第三の特徴は、このように時間が「抽象的に自己に関係する否定性」であるために、空間の第三の特徴と同じように、時間は「空間と同様に連続的である[19]」ことである。ただし連続性が可逆的な空間とは違って、この連続性は一方向である。時間は一方向にしか流れない。これは空間の点と時間の「今」との違いによるものである。

空間と異なる時間の第四の特徴は、空間が誰にもその存在を確証することのできる客観的なものであるとすれば、時間は時計によって公共的な時間が成立するまでは、主観的な傾向の強いものであることである。客観的な意識と主観的な意識の区別をあえて空間と時間に適用するならば、空間は抽象的な客観性と呼べるだろうし、時間は抽象的な主観性と呼べることになる。「時間は、純粋な自己意識である我＝我と同一の原理である[20]」。

「今」の特殊性

第三の特徴としてあげた「今」の特殊な性格にハイデガーは注目して、さらに考察を深めている。時間の「今」は空間の「点」と同じように、弁証法的な運動を展開する。時間は連続的なものであるが、排他的な個別性としての「今」は、時間の連続性を否定するものでありながら、その否定の運動によって、時間の連続性を確立するのである。

ヘーゲルにとってこの〈今〉は「個別性であるがゆえに排他的であるが、同時にまったく連続的であって、［未来と過去という］他の［時間的な］契機のなかにまで入り込む[21]」のである。「今」という点的な時間は、今この瞬間という形で確証され、絶対に確実なものであるが、そのことが確証された瞬間に「もはや存在しない」。現在の今はすでに過去の今となっているのである。そしてこの今の瞬間には、未来の今は「まだ存在しない」のであるが、次の瞬間にはまだ存在しないはずの未来の今が真の現在の今に生成している。「時間は、存在しながら存在せず、存在しないながらに存在する有であり、直観された生成である[22]」のである。

ハイデガーはこれを「どの〈今〉も、今はすでにもはや存在しないものであり、あるいは今しがたまで〈まだ存在していなかった〉ものであるから、今は非存在として捉えられる」（1233）と表現する。このように時間の本質が「直観された生成」（同）であるということは、時間が「純粋な直観の眼の前に現れてくるような〈今〉に基づいて理解されているということ」（同）である。この点からもヘーゲルの時間論が、

「まったく通俗的な時間了解の方向のうちで動いている」（1234）ことは明らかだろう。ヘーゲルの「今」に基づいた時間概念によって、「〈今〉の十全な構造が隠蔽され、平板化されていて、〈観念的〉にではあっても、眼前的に存在するものとして直観できるものであることが前提にされている」（同）とハイデガーは指摘する。

ヘーゲルの時間概念の総括

ただしすでに確認したように、ヘーゲルは「今」を「点」との類比で「点性」として考えることによって、「時間を否定の否定、すなわち点性の否定として規定した」（1236）のであり、この否定の否定の運動によって、空間から時間を取り出し、時間から空間を取り出したのである。空間は純粋な否定性として「時間へ移行する」[23]のであるが、「時間もまた無差別への、区別のない相互外在、すなわち空間への直接的な崩壊である」[24]。このようにして空間が時間へと移行するが、その時間は空間へと崩壊するのであり、この運動によって、それまで無規定だった空間の一つの「点」が時間的に規定されて「場所」へと移行する。それまでは排他的な空間の一つの点にすぎなかったものが、時間によって措定されることで、「時間である統体的な否定性を通ずることによって、それ自体具体的である。このように具体的な点が場所である[25]」のである。ここでもヘーゲルの弁証法の運動が貫徹されているのである。

このようにヘーゲルは「第一義的に平板化された〈今〉を手掛かりとして時間を解釈している」(1235)のである。ハイデガーはこのように「〈今〉連続」が形式化され、平板化されたことによって、ヘーゲルは精神の弁証法を実現させることができたことに注目する。「ヘーゲルはもっぱらこうした形式的で弁証法的な時間概念から出発することで、時間と精神の関連を確立することができた」(1236)のである。次の(b)項では、この時間と精神の関連について考察することになる。

b　時間と精神の関係についてのヘーゲルの解釈

精神の誕生

すでに(a)項において、ヘーゲルは弁証法的な時間概念に依拠することで、「時間と精神の関連を確立することができた」(同)ことが指摘されていた。そして「精神はみずからを実現するときに、否定の否定として規定された時間のなかに落ち込むとされている」(1237)のだった。このように精神が時間との関係のうちで成立すると考えるには、「精神そのものはどのようなものとして理解されている」(同)かを問わねばならないだろう。

ヘーゲルにおいては、精神の誕生は重要なテーマであり、『精神現象学』や『エンチュクロペディー』の「精神哲学」の主要な部分は、自然的な心から自己意識へ、自己意識から感じる心へ、感じる心から自我へ、自我から理性としての精神へという道筋で、精神と理性が誕生するまでを弁証法的に展開したものである。

わたしたちはごく自然に心をもった存在として生まれている。この心は自然的な心として、自然的な生活を送っている。「この自然生活は精神のうちでは部分的にただはっきりしない気分となって現れるだけである[1]」。子供たちは最初は気分によって支配されていることになる。ただしこの状態ではまだ精神は目覚めていない。「心は精神の眠りである[2]」のである。

この心はごく自然に自己についての意識をもち始める。この自己意識は、目覚めた状態で働いている。この状態は「精神が対自的に(自覚的に)存在しながら区別するという、自己意識的で理性的なすべての働きである[3]」。これは同時に「意識であり、悟性である」[4]のであり、すでに「本質的に具体的な自我として、悟性として振る舞っている」[5]のである。

しかし心は悟性として振る舞う前に感覚をもつようになる。「感覚とは精神が意識的でもなくまた悟性的でもない自らの個体性のうちでにぶく働いている形式である」[6]。感じる心は自己を個別性として認識する。「個別的なものとして心は一般に排他的であり、区別を自らのうちに規定している」[7]。ここで区別されるのは、外部の対象ではなく、心が感覚するさまざまなものである。この段階では精神はまだ「不明瞭さの段階である。それはこの段階の諸規定が意識的で悟性的な内容に展開していないためである」[8]。

やがては心は外部の対象を意識し、それについて概念で判断を下すようになる。ここで自我が明確に確立される。「意識は反省の段階、すなわち精神の（自己との）関係の段階、現象としての精神の段階を形成する」[9]のである。この段階で心は明確な自我となる。「自我は精神が自己に無限に関係することである」[10]のである。この自我にとっては外的な対象だけでなく、心の内容もまた認識の対象となる。「心の内容であったものは、ここでは自立存在する反省にとっての対象となっている」[11]。

人間が自我をもち始めるということは、自分の心において、自分の外部の対象と内部の対象について意識し、認識し始めるということである。ここで精神が登場する。この認識という営みは、精神の最初の画期的な働きなのである。外部の対象を認識する自我は、外部の対象と自己との違いを明確に区別する。この区別は概念によって行われる。たとえば樹木という概念は、空や土地や草などの概念と区別されながら、樹木を樹木として普遍的に認識するものである。「概念とは思考の形式であり、類において直観された普遍的なもののことであるが、ヘーゲルにおいてはこれとは違って、概念とは自己を思考する思惟そのものの形式である。すなわち思考がみずからを、非我を把握する働きとして、観念的に把握すること」(1237)である。

二つの否定性

自我が他我を、自己と異なるものとして区別する働きもまた否定と呼ばれる。この否定の弁証法的な運動こそは、精神の働きなのである。まず外部の対象、すなわち非我を把握するということは、自我でないものをその「ない」ということにおいて認識することだからである。あるものをたとえば樹木として規定することにおいて、それが土地でも空でも「ない」ものとして否定する働きが含まれている。規定性とはある意味では否定性のことである。ただしこの否定性は、たんに規定するだけの否定であり、抽象的な否定性である。自分ではない外部の対象を措定するときにも、そこには非我とは自我でない、ものという抽象的な否定性が働いている。しかし自我が非我とは違うものとして自己を措定し、規定するときには、この抽象的な否定性とは異なる性愛の否定性が働いている。そこには「自己との否定的統一が働いている」[12]のである。

第一の否定性は、非我とは自我でないものという抽象的な規定である。しかし自我を非我でないものとして措定するときには、第一の規定性によって措定された非我を、自我でないものとして否定する第二の否定性が働いているのである。「この場合、第一の否定としての否定、すなわち否定一般としての否定と、否定の否定としての第二の否定とは厳密に区別しなければならない。第二の否定は第一の否定がたんに抽象的な否定性であるのにたいして、具体的な、絶対的な否定性である」[13]のである。

第二の否定性によって、非我が異なる自我として措定されるのであるが、この自我は「一者」として措定される。この一者は「自己自身において区別なきもの、したがって他者を自己から排除するもの」[14]として否定の否定なのである。この自我はこのような否定性によって措定されたものであるが、同時に精神として、この否定性を行使するものである。自我がこの否定性を行使するのは、概念によって判断することにおいてである。

この否定性はすでに概念として明確に定められていた。樹木という概念は、空や大地や草でないものとしての規定性という意味で第一の否定性を含むだけでなく、そのような樹木を措定するものとして第二の否定性を含む。概念は「否定性の否定性」である。「非我を把握することは、ある意味では区別することであるが、この区別を把握する働きとしての純粋な概念のうちには、区別を区別するということがひそんでいる」(1237)のである。このように「ヘーゲルは、精神の本質を形式的かつ命題論的に、〈否定の否定〉と規定することができる」(同)のである。

否定性と自由

このような否定の否定の働きは、ヘーゲルによると自由である。この自由の働きは、概念についてよりも、人間の自己意識について考えるほうが分かりやすいだろう。『法哲学講義』によると、人間の自己意識が自由であるためには、二つの要素が必要である。「一つが、特殊な内容すべてを否定するという面、もう一つが、不特定であることを否定する面です。前者が不特定の状態への移行であり、後者が特定の内容への移行であって、前者によってわたしはすべての内容から自由になり、後者によってすべての内容を設定します。あらゆる人間は自己意識のうちにこの二つの要素をみいだすはずで、二つがあって自己意識は自由です[15]」。第一の側面は第一の否定を意味し、規定された内容を否定する。第二の側面が第二の否定の否定を意味し、具体的なものを措定する。この二つの否定によって、自己意識は自由になる。

これを自我について考えると、ハイデガーの引用した次の文が理解できる。「ところで自我は、第一に純粋な、自己にかかわる統一であるが、直接にこのような統一であるのではなく、すべての規定と内容を無視して、自己自身との無制限な同一性というう自由に立ち帰ることにおいて、このような自己にかかわる統一になる」(1238)。このようにして自己は自由であるが、それは概念によってである。「概念とは、自己がみずからを概念的に把握しながら、概念的に把握されていることである。自己はこのように概念的に把握されたものとして、その本来のありかたで存在する。すなわち自己は自由なのである」(同)。

そして時間がこのような自己意識と同一の構造をそなえていることは、時間の第四の特徴について考察したところで指摘されていた。「時間は、純粋な自己意識である我＝我と同一の原理である」のである。これは概念についても同じことが言える。「概念は独立して自由に現存する自己同一性、すなわち我＝我であるから、即自かつ対自的に絶対的な否定性と自由[16]」なのである。そして時間は「外面性としての否定にすぎない[17]」ものであるから、「概念が時間のうちにあるもの、一つの時間的なものであるのではなく、概念がむしろ時間の威力である[18]」ということになる。

精神と時間

このようにして自我と概念を規定する「否定の否定」の運動は、精神そのものの本質でもある。「この否定の否定は、精神にそなわる〈絶対的に不安定なもの〉であり、精神の自己啓示であり、この自己啓示は精神の本質に属するものである」（1239）のである。そして精神には「進歩」がつきものである。「それは意識的な〈進歩〉であり、目標において自己を知っている進歩である。この〈進歩〉の一歩ごとに、精神は〈自己自身を、みずからの目的にたいして真の意味で敵対的な障害として克服しなければならない〉」（同）のである。ヘーゲルによると、この精神の進歩の歴史が、人類の歴史なのである。「このようにして精神はその本質からして、時間のなかに現れる」[1240]ことになる。ヘーゲルは、そしてハイデガーはこれを「〈時間のなかに〉落ち込む」（同）と表現する。

精神はこのように歴史として時間のなかに登場するが、ヘーゲルによると人類の歴史はこうして精神がみずからの自由を実現していく歴史である。ヘーゲルは同時代のナポレオンのうちに絶対精神の現れをみいだしたが、ヘーゲルにとって人類の歴史はこのようにして自由が実現される進歩の歴史だった。ヘーゲルはつねにそのような自由が実現された現在を基準として、「自己主張していた〈今〉に基づいて」（同）、人間の歴史と時間を了解するのである。

ヘーゲルの時間論の欠陥

すでに考察してきたように、ヘーゲルにとっては時間は「〈抽象的な〉否定性」[1241]であったが、ハイデガーはヘーゲルが「精神と時間は、否定の否定という形式的な構造が同一であることに立ち戻る」[1242]ことによって、精神が歴史的に自己を自由として実現する可能性を示したことに注目する。このように時間と精神を「もっとも空虚で、形式的かつ存在論的な抽象に、形式的かつ命題論的な抽象に外化」(1242)することで、精神と時間の親縁性を確立したことを指摘するのである。

しかしそれによって存在論的には重要な欠陥が生まれることになる。第一の欠陥はすでに述べたように、人類の歴史がすべて現在という歴史的に特権的な時間から解釈されることである。ヘーゲルの歴史哲学が語るように、人類の歴史が自由を実現する歴史であり、自由を実現することが、「精神の唯一の目的[19]」であり、同時に「世界史の営みの目標[20]」であるならば、そして現実にナポレオンの姿にその歴史的な瞬間が体現されていると考えるならば、この枠組みから外れるすべての歴史的な出来事は、本質的に意味を失うことになるだろう。

第二の欠陥は、時間が「まったく平板化されて世界時間という意味で概念的に把握されており、その由来がまったく隠蔽されている」(同)ことにある。そのために「時間は眼前的な存在者として、精神とはまったく対立(同)」してしまっているのである。人間が時間のうちで生きるということの意味が洞察されず、時間が完全な外的な否定性としてしか捉えられていない。そのためヘーゲルには「平板化された時間の起源を解明」（同）しようとする意図すら生まれないのである。

第三の欠陥は、精神が時間のなかに「落ち込む」という表現が示唆しているように、人間の精神と時間の関係がたがいに疎遠なものとしてしか捉えられず、人間の精神の誕生というものが、「存在論的にどのようなことを意味するのかは、暗がりに包まれたまま」（同）なのである。そしてヘーゲルは、「否定の否定という精神の本質的な機構が、根源的な時間性に基づかずに、どのようにして可能になるかという問いを、まったく吟味しない」（同）ことになってしまう。

そしてハイデガーは、ヘーゲルのこれらの時間論が、いかに「アリストテレスの時間論を敷衍したものである」（原注14）かについて、詳細に説明している。アリストテレスが時間の本質をニューン（今）のうちにみいだしたのと同じように、ヘーゲルもまた時間の本質を「今」のうちにみいだし、「今」を特権的な時間とみいだした。アリストテレスは「今」をスティグメー（点）とみなし、「ヘーゲルもまた〈今〉を点として解釈している」（同）。アリストテレスは時間を円環的なものとみなし、「ヘーゲルも時間の〈循環〉を強調している」（同）のである。

本書の存在論的な時間についての考察はヘーゲルとは違って、平板化された時間概念を否定し、時間のなかで生きる現存在の日常性を考察し、「事実的に被投された実存そのものの〈具体相〉から分析を始めた」(1244)のである。そのことによって、「そうした実存を根源的に可能にするもの」(同)としての時間性の概念を考察してきたのである。

さらに本書では、精神が時間のなかに「落ち込む」という考え方を否定し、現存在の「事実的な実存が頽落的な実存として、根源的で本来的な時間性から〈脱落〉する」(同)ことを洞察してきた。そしてこのような頽落が「実存論的に可能になるのも、時間性に属する時熟の様態によって」(同)であることを明らかにしてきたのである。

第八三節　現存在の実存論的かつ時間的な分析論と、存在一般の意味への基礎存在論的な問い

これまでの考察の総括と今後の課題

ハイデガーはこの節の冒頭で、これまでの考察の課題が「事実的な現存在の根源的

な全体を、それが本来的に実存することも、非本来的に実存することもできるという側面に注目しながら、現存在の根拠そのものから、実存論的かつ存在論的に解釈すること」(1245)にあったと総括する。そして基礎存在論的な実存論的分析の根源的な構造が、時間性のうちにあることを指摘するのである。こうした時間性の構造の分析によって、現存在の世界内存在におけるこうした根源的な構造の基礎づけが可能になったわけである。

しかし本書は全体的な『存在と時間』の当初の構成の前半部分にすぎない。これまでは実存論的で存在論的な現存在分析によって、さらに解明すべき根本的な問題が素描されたにすぎないと、ハイデガーは振り返っている。こうした考察によって新たに解明を要する問題が登場してきたのである。

これらの新たな問いは、第一に、「存在論は存在論的に基礎づけられるべきなのだろうか、それとも基礎づけのためには存在者的な基礎のようなものが必要なのだろうか」(同)という問いであり、第二に、「どの存在者が、この基礎づけの機能を担うべきなのか」(同)という問いである。

これらの問いは、存在と存在者の違いにかかわる存在論的な差異とは異なる存在者的な差異についての問いである。この存在者的な差異とは、「実存する現存在の存在と、現存在でない存在者（たとえば眼前存在）との存在の差異」（1246）のことであり、この差異についての問いは、次のような三つの新たな問いをひきずりだすものなのである。

第一の新たな問いは、存在についての意識が、存在者についての意識と混同されることについての問いである。古代の存在論において「意識を物象化する」（同）危険があったとされているが、「〈物象化する〉というのはどういうことだろうか、それはどのようにして生まれるのだろうか」（同）が問われる必要がある。

第二の新たな問いは、伝統的な存在論がさしあたりの基礎とするのが、実存する現存在ではなく、さらに現存在が使用する手元的な存在者でもなく、眼前的な存在者であるのはどうしてかという問いである。「存在はなぜ〈さしあたりは〉、眼前的に存在するものに基づいて〈把握され〉なければならないのだろうか。もっと手近にある手元的な存在者に基づいて把握されないのはどうしてなのだろうか」（同）という問いである。

第三の新たな問いは、このように意識の物象化が、手元的な存在者ではなく、眼前的な存在者を基準として考察されることはどのような意味をもつかについての問いである。この問いは三つに分岐する。第一は、「この物象化がつねに支配的なものとなってきたのはどうしてなのだろうか」（同）という問いである。第二は「物象化は意識にそぐわないと言われるのだが、それではこの〈意識〉の存在は「事物と異なる」どのような積極的な構造をそなえているのだろうか」（同）という問いである。第三は「そもそも〈意識〉と〈物〉の〈差異〉のような概念は、存在論の問題構成を根源的に展開するために、十分なものなのだろうか」（同）という問いである。

ハイデガーは、存在論的な差異と存在者的な差異についてのこれらの新たな問いに答えるには、「存在一般の意味への問い」（同）という当初の問題の考察をさらに深める必要があると考える。そのための道筋としてハイデガーが提起するのが、「時間性の時熟の様態をどのように解釈すべきだろうか」（1248）という問いを考察する道筋である。というのも、「現存在の全体性の実存論的かつ存在論的な機構は、時間性を根拠としている。そうだとすると、脱自的な時間性そのものの根源的な時熟のありかたが、存在一般の脱自的な投企を可能にするに違いない」（同）からである。

これまでは存在一般の意味への問いを考察するために、現存在の存在への実存論的で存在論的な考察を行ってきた。この考察によって、「時間を存在への問いの超越論的な地平として説明する」（120）という課題が実現されたのである。この問いは「存在から時間へ」という問いだった。これからの考察で必要とされているのは、この道を逆にたどること、「根源的時間から、存在の意味へと」（1248）歩むことである。この問いは「時間から存在へ」という反転（ケーレ）となるだろう。

ハイデガーの蹉跌

ハイデガーが当初から目指していたこの問いの方向性の反転（ケーレ）は、本書の構想の内部では実現されなかった。ハイデガーは第二部として予告されていた「時性（とき）の問題構成を導きの糸として、存在論の歴史を現象学的に解体する作業」（121）は、当初の構想のままでは実現できないことを自覚し、そのための本書の後半部分の執筆を放棄したのだった。

ハイデガーがどうして第二部の執筆を放棄したかについては、さまざまな考察が展開されている。どれもわたしたちの関心を惹かずにはおかない解釈であり、わたしたちは読者としてさまざまな異論を心のなかでつぶやきながらも、こうした解釈に喜んで耳を傾けようとする。ただしハイデガーはこの反転（ケーレ）を完全に放棄したわけではなく、自分に適していると思われる道筋で、その生涯をかけてこの問いを展開しつづけたと考えることができる。これからのハイデガーは、自分のたてた問いに忠実に、しかし自分の最初の構想にとらわれることなく、この問いを問いつづけることになる。

解説——注（なお解説において引用した文は、必ずしも邦訳書のものと同じではない）

第七二節　歴史の問題の実存論的かつ存在論的な提示

（1）ハイデガー『ハイデッガー　カッセル講演』後藤嘉也訳、平凡社、一一一ページ。

（2）同、一一二ページ。

（3）同。

第七四節　歴史性の根本機構

（1）ここで「善きもの」と「遺産」の概念が結びつけられているのは、ドイツ語の「善きもの」（グート）という語の複数形がギューターであり、「財産（グート）」の複数形ギューターと同じであることによる。齋藤はここに「善のイデアに象徴される根源的時間性の超越論的次元の〈現前化〉」（齋藤元紀『存在の解釈学　ハイデガー『存在と時間』の構造・転回・反復』法政大学出版局、二一〇ページ）という問題をみる。

第七六節　現存在の歴史性に基づく歴史学の実存論的な起源

（1）ニーチェ「生に対する歴史の功罪」。邦訳は『ニーチェ全集』第I期第二巻、大河内了義ほか訳、白水社、一二九ページ。

（2）同。邦訳は同、一三〇ページ。

（3）同。邦訳は同。

（4）同。邦訳は同、一三六ページ。

（5）同。邦訳は同、一三七ページ。

（6）同。邦訳は同。

（7）同。邦訳は同、一四〇ページ。

（8）同。邦訳は同、一四一ページ。

（9）ニーチェの三つの歴史学とハイデガーの歴史性の理論の関係については、齋藤元紀『存在の解釈学』前掲書、とくに二五三ページ以下を参照されたい。

第七七節　歴史性の問題についてのこれまでの考察の提示と、ディルタイの研究およびヨルク伯の理念との関連

（1）『ハイデガー　カッセル講演』前掲書、四七ページ。

（2）ハイデガーがディルタイの「世代」の概念を高く評価していたことについては、齋藤の前掲書三六八ページを参照されたい。

第七八節　これまでの現存在の時間的な分析の欠陥

（1）カント『純粋理性批判』第二章。邦訳は光文社古典新訳文庫、第一分冊、中山元訳、一〇四ページ。

第七九節　現存在の時間性と時間についての配慮的な気遣い

（1）ニーチェ「生に対する歴史の功罪」。邦訳は前掲の『ニーチェ全集』第Ⅰ期第二巻、一一八ページ。

（2）同。邦訳は同、一一九ページ。

（3）同。

（4）同。

（5）同。

第八〇節　配慮的に気遣われた時間と時間内部性

（1）ジャック・アタリ『時間の歴史』蔵持不三也訳、原書房、七八ページ。

（2）同、五八ページ。

（3）カント『純粋理性批判』B一五六。邦訳は光文社古典新訳文庫、第二分冊、中山元訳、一五四ページ。

（4）ベルクソンはカントと同じように、「反省的意識がもつ時間や継起についての感情をさえ記述するための像（イメージ）は、必ず空間から借りてこられる」（『時間と自由』平井啓之訳、『ベルグソン全集』第一巻、白水社、八八ページ）と指摘する。そして純粋な持続である「時間を空間のなかにくりひろげる」（同、一二四ページ）ことが通例となっているために、時間のイメージに、つねに空間のイメージが忍び込むことを指摘するのである。

第八一節　時間内部性と通俗的な時間概念の発生

（1）なおアリストテレスの原文では、この文の「以前に」と「後で」は、たんに「前」と「後」になっている。邦訳では前と後に関しての運動の数（前掲書一七〇ページ）である。ハイデガーはあえてこれを「改訳」したのである。この事情については齋藤の前掲書の一四一ページを参照されたい。

第八二節　a　ヘーゲルの時間概念

（1）ヘーゲル「自然哲学」第二五四節。邦訳は『エンチュクロペディー』、樫山欽四郎ほか訳、河出書房新社、二〇五ページ。

（2）同。この文は本書の段落1230で引用。

（3）同。

（4）同。

（5）同、第二五六節。邦訳は同、二〇七ページ。

（6）同。

（7）同。第二五六節。邦訳は同、二〇六ページ。

（8）同、第二五六節、邦訳は同、二〇七ページ。

（9）同。

（10）同。

（11）同。

（12）同、第二五八節。邦訳は同、二〇八ページ。

（13）同。

（14）同。

（15）同。

（16）同。

（17）同。

（18）同。

（19）同。

（20）同。

（21）同、第二五九節。邦訳は同、二〇九ページ。

（22）同、第二五八節。邦訳は同、二〇八ページ。

（23）同、第二六〇節。邦訳は同、二一一ページ。

（24）同。

（25）同。

第八二節　b　時間と精神の関係についてのヘーゲルの解釈

（1）ヘーゲル「精神哲学」第三九二節。邦訳は前掲の『エンチュクロペディー』三一七ページ。

（2）同、第三八九節。邦訳は同、三一五ページ。

（3）同、第三九八節。邦訳は同、三一九ページ。

（4）同。邦訳は同、三二〇ページ。
（5）同。
（6）同、第四〇〇節。邦訳は同、三三一ページ。
（7）同、第四〇四節。邦訳は同、三三五ページ。
（8）同。
（9）同、第四一三節。邦訳は同、三四〇ページ。
（10）同。
（11）同。
（12）ヘーゲル『大論理学』。邦訳は『ヘーゲル全集』6a。武市健人訳、岩波書店、一九五六年、一二七ページ。
（13）同。邦訳は同、一二七〜一二八ページ。
（14）ヘーゲル「論理学」。邦訳は前掲の『エンチュクロペディー』一一八ページ。
（15）ヘーゲル『法哲学講義』。邦訳は長谷川宏訳、作品社、四五〜四六ページ。
（16）ヘーゲル「自然哲学」第二五八節。邦訳は前掲書、二〇九ページ。
（17）同。
（18）同。
（19）ヘーゲル『歴史哲学』序論。邦訳は武市健人訳、岩波文庫、上巻、八〇ページ。
（20）同。

ハイデガー略年譜

一八八九年

この年の九月二六日に、バーデン州メスキルヒの町の教会の堂守りで桶職人フリードリヒ・ハイデガーと妻ヨハンナの長男として誕生。

一九〇九年　二〇歳

フライブルクのベルトルト・ギムナジウムを卒業。一〇月にフライブルク大学の神学部に入学した。

一九一一年　二三歳

フライブルク大学の神学部から哲学部に転部した。

一九一三年　二四歳

学位論文「心理学主義における判断論」で博士号を取得。評価は最優秀だった。

一九一五年　二六歳

教授資格論文「ドゥンス・スコトゥスの範疇論と意味論」を提出し、教授資格を取得している。主査は新カント派の哲学者のハインリヒ・リッカートだった。前の年に始まった第一次世界大戦のために召集され、歩兵連隊に配属された。この年の冬学期から私講師としてフライブルク大学で講義を開始している。

一九一六年　二七歳
リッカートがハイデルベルク大学に転出し、その後任として現象学の師となるフッサールが着任した。

一九一七年　二八歳
エルフリーデ・ペトラと結婚。

一九一八年　二九歳
再度の召集。一一月一一日に終戦になり、一六日に除隊した後、フライブルクに帰還した。

一九一九年　三〇歳
この年に「戦時緊急学期講義」として「哲学の理念と世界観問題」の講義を行う。根源学としての哲学について新たな理念を提起した。またカトリックからプロテスタントに宗旨変えした。学者としてのキャリアのためには必要で、フッサールの望んだことでもあった。

一九二〇年　三一歳
フッサールの担当する哲学第一講座の助手に就任。以後、現象学にかんしてはフッサールの弟子となる。

一九二一年　三二歳
「アウグスティヌスと新プラトン主義」の講義。前年の「宗教現象学入門」につづいて、哲学と宗教の関係について、とくにキリスト教について集中的に考察していることが注目される。

一九二二年　三三歳

マールブルク大学がハイデガーを正教授として招聘しようと試みる。実績が必要だったために、ハイデガーは「アリストテレスの現象学的解釈」の序論と概要を大学に送付した。いわゆる「ナトルプ報告」であり、『存在と時間』の最初の原型と見られている。

一九二三年　三四歳

マールブルク大学から正教授待遇の員外教授として招聘され、秋に赴任した。

一九二四年　三五歳

大学での講義を通じて学生だったハンナ・アレントと親密な関係になる。この頃からハイデガーの大学での講義の評判が高まる。著作はまったく発表されていなかったが、ガダマーを始めとして、ヨーロッパ中から多数の学生が集まる。ハンス・ヨーナスやギュンター・アンデルスなど、この時期の学生たちで、後に哲学者となった人々も多い。

一九二五年　三六歳

夏学期に「時間概念の歴史への序論」の講義。『存在と時間』の原型である。

一九二七年　三八歳

『存在と時間』刊行。また直後に行われた夏学期の講義『現象学の根本問題』は、『存在と時間』の第二部の内容をうかがわせる重要な講義である。フッサールと百科事典「ブリタニカ」の現象学の項目を執筆するために協力作業を行った。一〇月にニコライ・ハルトマンの後任としてマールブルク大学の正規の正教授に就任した。

一九二八年　三九歳

フライブルク大学の哲学第一講座の正教授に就任。マールブルク大学での冬学期の講義の記録『カントの「純粋理性批判」の現象学的解釈』は、翌年のカント論の前哨となるものとして注目される。

一九二九年　四〇歳

スイスのダボスでカッシーラーと論争。『カントと形而上学の問題』を刊行する。これは『存在と時間』の第二部に含まれる内容で、ハイデガーが『存在と時間』の第二部刊行の意図がないことを示すものとなる。

一九三一年　四二歳

この時期にプライベートな思索記録である「黒ノート」を書き始める。このノートは死にいたるまで数十冊も残されている。これはハイデガーの反ユダヤ主義的な言辞が、彼の思想の根幹にかかわるものであることを証言するものであり、二〇一四年にその一部が公刊されてから大きな注目を集めている。

一九三三年　四四歳

一月にヒトラー政権誕生。四月にフライブルク大学総長に選出された。五月にはナチ党に正式に入党。総長就任式で「ドイツ大学の自己主張」の講演。なお前年からこの年にかけての冬学期にプラトン論である「真理の本質について」の講義を行っている。

一九三四年　四五歳
フライブルク大学総長の辞任を認められる。

一九三五年　四六歳
「芸術作品の起源」の講演を行う。これは後のニーチェ論の端緒となるもので、ナチズム運動への左袒についてのみずからの思想的な総括を意図したものと言えるだろう。

一九三六年　四七歳
「ヘルダーリンと詩作の本質」の講演を行う。ナチズムへの加担の挫折の経験を踏まえて、ドイツの歴史的なありかたについての考察を深めようとして、ヘルダーリンの詩作についての執筆が増える。この時期に第二の主著とも言われる『哲学への寄与』の執筆を開始。この年の夏学期にシェリングの『人間的自由の本質について』の講義を行っている。

一九三九年　五〇歳
『哲学への寄与』の執筆を完了。後に全集第六五巻として刊行された。

一九四五年　五六歳
四月にヒトラーが自殺し、五月にドイツは降伏した。ハイデガーは占領軍司令部から教職活動を禁じられ、自宅から書籍などが押収された。

一九四六年　五七歳
フランスのジャン・ボーフレからの手紙の質問に答える形の「ヒューマニズ

ム書簡」を発表。この時期にハイデガーは孤立していただけに、フランスからのこうした呼びかけはうれしいことだったろう。

一九四七年　五八歳
「ヒューマニズム書簡」と「真理についてのプラトンの教説」を合わせて一冊の書物として刊行した。

一九四九年　六〇歳
「立て組み」「物」などの講演を発表。この時期から技術論を展開するようになる。

一九五〇年　六一歳
ニーチェ論、ヘーゲル論、ヘルダーリン論などの中期の重要な論文を集めた論集『杣道』を刊行した。

一九五一年　六二歳
夏学期から教職に戻ることを認められる。「建てる・住まう・思索する」のタイトルで講演。

一九五三年　六四歳
『形而上学入門』を刊行した。「技術についての問い」の講演を行う。

一九五四年　六五歳
大学での講義の記録『思索とは何か』を刊行した。

一九五七年　六八歳
講演の記録である『根拠律』を刊行した。

一九六一年　七二歳
ニーチェに関する一九三〇年代後半の講義をまとめて『ニーチェ』上下巻を刊行。

一九六六年　七七歳
生前には発表しないという条件のもとで、雑誌「シュピーゲル」によるハイデガーのインタビューが行われた。ハイデガーはナチズムとのかかわりなどの戦争責任の問題が提起されることを覚悟していたが、技術論が話題の中心になる。

一九六七年　七八歳
初期の論文から「形而上学とは何か」や「ヒューマニズム書簡」を含む論文集成とも言うべき論集『道標』を刊行した。詩人のパウル・ツェランがトートナウベルクのハイデガーを訪問。ツェランはハイデガーがみずからの戦争責任を認めなかったことを許せなかったようである。一九六一年に刊行した『ニーチェ』二冊本の抜粋として『ヨーロッパのニヒリズム』を刊行した。

一九六八年　七九歳
フランスの詩人ルネ・シャールの招きでル・トールでゼミナールを行う。その内容は「ツェーリンゲンでのゼミナール」と合わせて、後に『四つのゼミナール』として刊行された。

一九七二年　八三歳
教育資格請求論文「ドゥンス・スコトゥスの範疇論」を含む初期の論文集『初期著作集』を刊行した。

一九七五年　八六歳
『ハイデガー全集』の刊行が開始され

た。講義録や講演の記録を含むもので、刊行が完了すれば、全体で八〇冊を超える膨大なものとなる。

一九七六年　八七歳

フライブルクの自宅で五月二六日に死去。メスキルヒの町外れの墓地に埋葬された。

訳者あとがき

ここに、現代思想の「地平」を作りだしたとも言われる二〇世紀最大の哲学書の一つであるマルティン・ハイデガーの『存在と時間』の第八分冊をおとどけする。手ごたえのある哲学書であるこの『存在と時間』の最終巻にまで到達された読者にお祝いを申し上げる。この書物を読み通したことはきっと大きな力と自信を与えてくれることだろう。

この訳書は全体で八分冊の構成である。最終巻となるこの第八分冊は、第二篇「現存在と時間性」の第五章「時間性と歴史性」と第六章「時間性と、通俗的な時間概念の起源としての時間内部性」で構成される。

第五章では時間性を人間の歴史性という観点から考察する。民族の共同存在というナチス期につながる問題も浮上してくる。この書物の段階では、排外主義的な要素はほとんど見分けることができないが、一九三〇年代のハイデガーの思想的な変貌を見据えるための土台として、この章はみすごすことはできない。

第六章ではヘーゲル以来の歴史哲学の伝統にハイデガーが時間性の概念に基づいてどう取り組むかというきわめて興味深いテーマが考察される。また時間の通俗的な概念の批判を通じて、わたしたちが時間について考えるための手掛かりも豊富に示されている。

本書の第二部では、本来的な時間概念に基づいて、「存在の時性（テンポラリテート）の考察を仕上げるという仕事」（056）が行われる予定だったが、この仕事は第二部の執筆が中止されたために、実現されていない。ハイデガーがなぜ執筆を放棄したのかについて、いろいろと議論を構築している研究書もたくさんある。ぜひそうした書物を手に取って読み比べてみていただきたいと思う。

ただし『存在と時間』が刊行された一九二七年の夏学期にマールブルク大学で行われた講義『現象学の根本問題』を読んでみれば、ハイデガーがこの第二部をどのように展開しようとしていたかをかいまみることができる。さらに『カントと形而上学の問題』の書物も、第二部のカントの時間論の展開の道筋を示している。読者の方々はぜひこれらの書物から、ハイデガーの未完の構想に思いを馳せてみていただきたいと思う。執筆されなかったこのテンポラリテートの理論がどのようなものとなるはずだったかについて考察するのも楽しい作業だろう。

ハイデガーはこの書物を執筆した後も、さらに新たな思考を紡ぎつづけている。とくに後年の技術論は、人間の自然に向かう姿勢という根本的なところから技術の意味について考察するものであり、現代において技術がはたす役割について考えるうえで、貴重な手掛かりとなるだろう。

ハイデガーの『存在と時間』そのものについては多くの邦訳が出版されているが、本文に沿って詳しく解説した注釈書はあまりみかけないようである。そのことを考慮にいれて本書では、読みやすい翻訳を提供すると同時に、詳しい解説をつけることにした。

原文の翻訳では、段落ごとに番号をつけ、番号とともにその段落の内容を要約した小見出しをつけている。また段落内では自由に改行を加えている。これに合わせて解説では段落ごとに分析し、考察している。解説の目次にあたるところに示した小見出しに、原文の段落の番号を表記した。たとえば解説の冒頭の「存在一般と現存在の特異性」には(1085～1086)と表記しているが、これはこの小見出しでは、段落1085と1086の考察が行われていることを意味している。原文を読んでいて道に迷ったように感じられたときには、その段落の解説を参照していただきたい。

原注と訳注はそれぞれの節ごとにまとめて示した。訳注では、【欄外書き込み】という見出しのもとで、ハイデガーが手沢本の欄外に書き込んでいた覚え書きを該当箇所に示している。この覚え書きは時期が特定できず、後期のハイデガーのものを含んでいる。ハイデガーが本書『存在と時間』の考察に批判的になった時期のものもあり、本書を理解する上で役立つのはたしかであるが、本書の内容への理解が、後期のハイデガーの示そうとする方向に引き寄せられる可能性もあるので注意されたい。

なお原文を参照しやすいように、ページの下の段に、もっともよく利用されているマックス・ニーマイヤー社の第一七版の原書のページ数を表記し、上の段にはヴィットリオ・クロスターマン社の『ハイデガー全集』第二巻のページ数を表記した。

＊　＊　＊

本書はいつものように、光文社古典新訳文庫創刊編集長の駒井稔さんと編集者の今野哲男さんの励ましをきっかけとし、翻訳編集部の中町俊伸さんのこまやかなご配慮と、編集者の中村鐵太郎さんの細かな原文チェックを支えとして誕生したものである。いつもながらのご支援に、心から感謝の言葉を申しあげたい。

中山　元

存在と時間8

著者 ハイデガー
訳者 中山元

2020年11月20日 初版第1刷発行

発行者 田邉浩司
印刷 新藤慶昌堂
製本 ナショナル製本

発行所 株式会社光文社
〒112-8011東京都文京区音羽1-16-6
電話 03（5395）8162（編集部）
03（5395）8116（書籍販売部）
03（5395）8125（業務部）
www.kobunsha.com

落丁本・乱丁本は業務部へご連絡くだされば、お取り替えいたします。
ISBN978-4-334-75435-8 Printed in Japan

いま、息をしている言葉で、もういちど古典を

長い年月をかけて世界中で読み継がれてきたのが古典です。奥の深い味わいある作品ばかりがそろっており、この「古典の森」に分け入ることは人生のもっとも大きな喜びであることに異論のある人はいないはずです。しかしながら、こんなに豊饒で魅力に満ちた古典を、なぜわたしたちはこれほどまで疎んじてきたのでしょうか。

ひとつには古臭い教養主義からの逃走だったのかもしれません。真面目に文学や思想を論じることは、ある種の権威化であるという思いから、その呪縛から逃れるために、教養そのものを否定しすぎてしまったのではないでしょうか。

いま、時代は大きな転換期を迎えています。まれに見るスピードで歴史が動いていくのを多くの人々が実感していると思います。

こんな時わたしたちを支え、導いてくれるものが古典なのです。「いま、息をしている言葉で」――光文社の古典新訳文庫は、さまよえる現代人の心の奥底まで届くような言葉で、古典を現代に蘇らせることを意図して創刊されました。気取らず、自由に、心の赴くままに、気軽に手に取って楽しめる古典作品を、新訳という光のもとに読者に届けていくこと。それがこの文庫の使命だとわたしたちは考えています。